Copyright © Cecília Russo Troiano
Todos os direitos reservados a Pólen Produção Editorial Ltda.

COORDENAÇÃO EDITORIAL Lizandra Magon de Almeida
APOIO DE TEXTO Joyce Moysés
PREPARAÇÃO DE TEXTO Luana Balthazar
REVISÃO Lizandra M. Almeida, Virgínia Vicari
PROJETO GRÁFICO E DIAGRAMAÇÃO dorotéia design / Adriana Campos
ILUSTRAÇÃO DE CAPA Nara Isoda

DADOS INTERNACIONAIS DE CATALOGAÇÃO NA PUBLICAÇÃO (CIP)
ANGÉLICA ILACQUA CRB-8/7057

Troiano, Cecília Russo
Garotas equilibristas : o projeto de felicidade das mulheres que estão chegando no mercado de trabalho / Cecília Russo Troiano. -- São Paulo : Pólen, 2017.
192 p.

Bibliografia
ISBN 978-85-98349-50-3

1. Mulheres jovens – Mercado de trabalho 2. Sucesso 3. Felicidade 4. Autorrealização 5. Orientação profissional – Mulheres jovens I. Título

17-1389   CDD 650.14

Índices para catálogo sistemático:
1. Mulheres : Sucesso na carreira

Pólen Livros
tel.: (11) 3675.6077 | www.polenlivros.com.br

GAROTAS EQUILIBRISTAS

O PROJETO DE FELICIDADE DAS MULHERES QUE ESTÃO CHEGANDO AO MERCADO DE TRABALHO

CECILIA RUSSO TROIANO

Pólen

Para Jaime.
com amor e gratidão,
por estar ao meu lado em
nossas jornadas equilibristas.

AGRADECIMENTOS

Começando por Atlanta, onde esse livro nasceu, inicio os agradecimentos pelas pessoas que estiveram ao meu lado durante meu mestrado na Georgia State University. Querida professora, Dra. Susan Talburt, minha orientadora que virou uma amiga nessa jornada de volta à vida acadêmica, sempre com palavras encorajadoras e me ensinando a navegar no universo de Gender's Studies. Mesmo com sua agenda atribulada, generosamente aceitou meu convite para escrever a apresentação deste livro. Susan, gratidão imensa e amizade para sempre. Também devo um obrigada especial aos membros do comitê da minha dissertação, dr. Megan Sinnott e dr. Wendy Simonds, por lerem meus rascunhos e me fornecerem valiosos feedbacks que certamente tornaram o produto final melhor. Estendo meu agradecimento a todos os colegas e profissionais do IWGSS's (Institute for Women's, Gender, and Sexuality Studies) da Georgia State University, por dividirem comigo seu entusiasmo e conhecimento. Também devo um obrigada ao time da Zaltman Olson Associates, que me apresentou à arte de ZMET™, metodologia inovadora de pesquisa que me guiou nesta imersão. E a todos do time da TroianoBranding, que me apoiaram em minha ausência parcial da empresa, durante este período.

Outras pessoas também são parte dessa jornada e devo a elas um agradecimento afetuoso. Lizandra Almeida e sua equipe da Pólen Livros, por acreditarem no projeto do livro e torná-lo real. À Joyce Moyses e Margit Krause, amigas e parceiras de textos e papos. À Suzanne Robell, que não só neste livro, mas em muitos outros momentos de minha vida, foi uma grande aliada.

Expresso também meu carinho pelas nove garotas equilibristas que abriram suas casas, seus corações e suas histórias para mim. Sem palavras para agradecê-las pelas conversas que tivemos. Cabe dizer que muito além dessas jovens, minha filha, sobrinhas e outras tantas garotas dessa nova geração com quem convivo, foram grandes fontes de inspiração para o que trago nas páginas deste livro.

Por fim, não poderia ter feito essa jornada sem o amor de minha família. Pai, mãe, vocês são parte de tudo isso, me acompanhando todos os dias, mesmo quando estive a milhas de distância. Meus queridos filhos, Beatriz e Gabriel, super-hiper-obrigada. Sei que não é fácil ter uma mãe-estudante que por dois anos resolveu equilibrar mais um pratinho. Obrigada por estarem ao meu lado, me fazendo sorrir, em mais uma aventura equilibrista. Jaime, valeu muito, não só por dividirmos a mesa enquanto escrevia a dissertação, mas principalmente por dividir comigo seu tempo, inteligência e amor. Amo vocês, minha família.

Muito obrigada a todos.

SUMÁRIO

PREFÁCIO **10**

INTRODUÇÃO **14**

DILEMA AMERICANO OU DE TODAS? **30**

SUCESSO À BRASILEIRA **44**

DESEJOS E PRIORIDADES NA MATEMÁTICA DA VIDA **60**

JORNADA DA FELICIDADE **74**

O QUE EU CONTROLO? **104**

REAÇÃO AO MEDO DE NÃO DAR CONTA **122**

COMO FALAR COM ELAS **140**

O QUE VEMOS NO FUTURO VISTO POR ELAS **164**

APÊNDICE **172**

BIBLIOGRAFIA **182**

PREFÁCIO

É uma honra introduzir este livro oportuno, importante, escrito por minha colega e amiga Cecilia Russo Troiano. Uma mulher de negócios bem-sucedida, mãe e esposa comprometida, e autora do livro de 2007 *Vida de Equilibrista: Dores e Delícias da Mãe que Trabalha*, e autora do livro de 2011 *Aprendiz de Equilibrista: Como Ensinar os Filhos a Conciliar Família e Carreira*, Cecilia é especialista nas questões do equilíbrio entre vida e trabalho de mulheres *e* viveu e sabe sobre o que escreve.

Conheci Cecilia em 2013 quando ambas vivíamos momentos diferentes para equilibrar trabalho e família. Eu estava assumindo cada vez mais os cuidados com meus pais idosos, e Cecilia tinha se mudado para os Estados Unidos por dois anos para acompanhar o filho enquanto ele concluía o ensino médio em Atlanta e para estar perto da filha que cursava graduação na mesma cidade. Enquanto ela e seu marido administravam sua empresa sediada em São Paulo dos Estados Unidos, Cecilia também embarcou em um rigoroso programa de Mestrado em Estudos de Gênero e Sexualidade na Georgia State University, onde trabalho. Curiosa sobre o otimismo despertado por Sheryl Sandberg em seu feminismo "lean-in" nos EUA e no mundo todo, Cecilia reuniu sua sagacidade nos negócios, experiência de pesquisa e disposição para entender as sociedades norte-americana e brasileira com análises embasadas pelos Estudos de Gênero para investigar as experiências, esperanças e medos das jovens mulheres brasileiras que se preparam para entrar na força de trabalho em uma época de suposto aumento na igualdade de gênero. Tive a sorte de trabalhar com ela enquanto conduzia a notável pesquisa de sua tese sobre as aspirações de mulheres universitárias para o futuro.

Este livro surpreendente coloca em diálogo políticas em geral descontextualizadas e fala do mundo do trabalho – igualdade salarial, teto de vidro, licença maternidade – com o foco dos Estudos de Gênero para compreender as experiências vividas de seres humanos e como as experiências *de gênero* são construídas por meio do discurso popular, das políticas e da vida cotidiana. Os Estudos de Gênero exploram a interação de gênero, tanto do masculino como do feminino, com outros marcadores identitários, tais como raça, etnia, sexualidade e nacionalidade, a fim de compreender e desafiar o funcionamento do poder, do privilégio e da exclusão. Em um mundo no qual as mulheres estão crescendo mas ainda assim são marginalizadas nas comunidades profissional, educacional e global, os Estudos de Gênero desafiam a omissão de gênero ou seus usos como uma simples "variável" em disciplinas acadêmicas tradicionais, criando conhecimentos novos e incorporados sobre as formas como as sociedades se organizam política, econômica e culturalmente. Por exemplo, o pensamento feminista demonstrou o poder de exclusão de conceitos binários associados a masculino/feminino: público/privado, corpo/mente, cultura/natureza, objetivo/subjetivo, universal/particular, e razão/emoção. Esses insights permitiram a exploração acadêmica de áreas que o pensamento dominante caracteriza como "sem gênero": capitalismo, globalização, neoliberalismo, política, lei, trabalho e lazer, direitos humanos, cidadania, liberdade e a criação do conhecimento em si.

Recusando o binômio razão/emoção em particular, os Estudos de Gênero acadêmicos atuais abrangem a "teoria do afeto", que reintroduz emoção na análise para perguntar como os sentimentos e pensamentos dos sujeitos se interrelacionam. A teoria do afeto vai além da análise do discurso ou da ideologia para abordar as vicissitudes dos sentimentos cotidianos, da forma como objetos e ideias se envolvem, cativam, alienam ou irritam os atores. Emoções concentram nossa atenção e orientações a objetos. Os afetos mostram como ideologias são imprevisíveis: elas podem ou não capturar nossa atenção ou nos orientar a agir de maneiras particulares. Análises das emoções conectam o social ao pessoal, ou o público ao privado, e permitem que os acadêmicos detectem impulsos que guiam a vida cotidiana no mundo que não são codificadas em instituições dominantes.

No espírito do que há de melhor no trabalho dos Estudos de Gênero, Cecilia pergunta a nove mulheres universitárias de idades diferentes o que significa imaginar um futuro em um mundo de escolhas dicotômicas para mulheres profissionais: "leaning in" ou acelerar para ter sucesso em corporações dominadas pelo masculino, versus "opting out" ou deixar para trás o estresse do mundo dos negócios e voltar para casa. Por meio de entrevistas inovadoras que se baseiam em metáforas, imagens e narrativas, Cecilia se volta ao particular, mostrando as esperanças, medos e vulnerabilidades de jovens mulheres que rejeitam essa dualidade para correr atrás, em vez disso, de uma "jornada para a felicidade" que abrace tanto a família como o trabalho. Suas análises demonstram as implicações de gênero, classe, raça e sexo das aspirações dos atores sociais de liberdade, escolha e felicidade em sociedades liberais avançadas contemporâneas. A cuidadosa análise de Cecilia sobre como a "promessa de felicidade" exige que essas mulheres se envolvam em automonitoramento cuidadoso, na contabilidade do custo-benefício, e em escolhas e ações no presente oferece uma "tradução" muito necessária da teoria do afeto para um contexto de não falantes do inglês e um retrato pungente do cenário brasileiro contemporâneo para jovens mulheres profissionais.

Este livro revela a natureza de gênero do neoliberalismo, na qual conceitos como igualdade das mulheres, emancipação e realização individual são reformulados como a expressão de um self individual empreendedor que deve fazer as escolhas "certas" a fim de equilibrar carreira e família. A análise de Cecilia nos ajuda a ver as formas que até mulheres que recusam os caminhos dados de "leaning in" e "opting out" continuam a enfrentar em um território no qual o indivíduo é responsável por seu sucesso ou fracasso e a mudança sistêmica é considerada impensável. Um futuro de equilíbrio feliz e aberto é sempre precário.

Mulheres e homens, ativistas e profissionais, formuladores de políticas e acadêmicos deveriam prestar atenção nessa investigação que a "jornada para a felicidade" nos oferece. O mapeamento afetivo deste livro em tempo e espaço, indivíduos específicos e sua busca e imaginação da "boa vida" é ao mesmo tempo sobriamente realista e cuidadosamente esperançoso. Os dilemas sentidos que Cecilia narra têm algo a dizer para todos nós.

Susan Talburt
Diretora e professora do Institute for Women's, Gender, and Sexuality Studies da Georgia State University
Atlanta, Georgia, EUA

INTRODUÇÃO
EQUILIBRISTAS DE ONTEM E DE AMANHÃ

Admito ser de uma geração que quis equilibrar perfeitamente muitas coisas: carreira, maternidade, casa, tempo com o marido, hobbies e estudos. E isso às vezes trouxe, óbvio, um cansaço em minha vida e na de muitas outras trabalhadoras como eu. A revolução das mulheres-mães-profissionais iniciada nos anos 1990 definitivamente provocou fortes mudanças nas relações afetivas, econômicas, familiares, educacionais e trabalhistas.

O tema continua rendendo estimulantes discussões por causa de todos os que são impactados pelas escolhas dessas mulheres. Depois de um quarto de século e um conjunto de inovações tecnológicas na sociedade, certamente há novidades nesse equilibrismo de papéis e de interesses femininos. Eu sou um tanto inquieta, ávida por fazer muito, mas não penso que esse seja o equilibrismo do futuro.

Imagino que a geração que chega à vida adulta agora vai aceitar menos o peso nas costas que eu carreguei, essa obrigação de tentar realizar tudo ao mesmo tempo e bem. Por isso, resolvi estudar tal evolução como tema da minha dissertação de mestrado[1] em Women's, Gender and Sexuality Studies, que cursei entre 2013 e 2015 na Georgia State University, em Atlanta, nos Estados Unidos. O assunto continua me fascinando, sobretudo por ser um pouco a expressão da minha vida. Quem me conhece sabe que minha carreira de mais de 25 anos é direcionada ao comportamento de consumo e gestão de marcas, usando muito da Psicologia (que é a minha formação) como embasamento teórico para estratégias e análises de perfis de consumidores, por exemplo.

Mas não escolhi fazer o mestrado na minha área de atuação diretamente. Tampouco escapei para algo sem qualquer relação com

---

1. Para aqueles que desejarem ler meu trabalho acadêmico completo, na versão original em inglês, podem acessar o link http://scholarworks.gsu.edu/wsi_theses/46 e fazer o download.

ela. Meu lado dedicado a estudar continuamente o universo feminino tem sido utilíssimo para agregar valor ao trabalho que realizo com grandes marcas. Entretanto, estudar comportamentos é mais um pratinho na minha vida, que eu adoro fazer girar.

Neste livro, detalho minha dissertação, na qual busquei entender como as universitárias brasileiras estão guiando suas futuras escolhas e expectativas com relação a carreira e vida pessoal. Meu objetivo principal foi estudar o quanto essa geração de mulheres jovens que chega ao mercado de trabalho está desafiando (ou não) essa dualidade. Quis também investigar de que maneiras seus comportamentos e projetos desenhados no presente poderão redefinir mais à frente novos espaços para a representação do feminino em nossa sociedade.

ABRIMOS CAMINHOS

Minha escolha se baseou em vários motivos, e o principal foi a sintonia que enxergava com minha vida. Tenho ligação pessoal com essa questão, já que atuo como executiva há muitos anos, e conciliar trabalho e vida pessoal é meu desafio diário. Sou uma típica representante da geração de mulheres nascidas nas décadas de 1960 e 1970, que não tiveram um modelo anterior para inspirá-las. Mulheres da minha faixa etária, tanto no Brasil quanto nos Estados Unidos, criaram e testaram uma variedade de possibilidades sobre como conciliar carreira e vida pessoal satisfatórias.

Pois esse grupo, no qual me incluo e que abriu caminhos para as universitárias de hoje, lidou com forças opostas, enfrentou barreiras estabelecidas pela sociedade, teve de fazer escolhas e tomar decisões (que nem sempre eram as mais desejáveis). Precisou provar competência em um ambiente dominado por homens, ao mesmo tempo em que teve de convencer a sociedade de que estar no mundo profissional não significaria abandonar sua família. Tudo no mundo continuaria a correr "normalmente", mesmo com a mãe dividindo seu tempo entre o trabalho e o lar.

INVESTIR EM UMA CARREIRA BUSCANDO POSIÇÕES DE LIDERANÇA NO FUTURO OU DESACELERAR EM NOME DE UMA VIDA PESSOAL E FAMILIAR?

No entanto, para essas mulheres que hoje têm entre 35 e 55 anos, o conflito entre subir na escada corporativa, conquistar independência financeira e realização individual colidiu com menos horas de vida privada, dificuldades em balancear o trabalho e a família e uma qualidade de vida aquém do esperado. Investir quase todo o tempo em uma carreira buscando posições de liderança no futuro, ou desacelerar em nome de uma vida pessoal e familiar mais satisfatória? Eis um dilema fundamental enfrentado pela minha geração. Apesar de eu nunca ter largado o emprego, tal questionamento continua me assombrando.

Será que é assim também com as mais jovens? Nada melhor do que perguntar a universitárias na faixa dos 20 a 22 anos. Preciso dizer que tenho uma filha dessa idade, Beatriz, nascida em 1993, três anos antes do meu filho, Gabriel. Quer dizer, uma jovem mulher exatamente no público-alvo que pesquisei e um garotão próximo disso, que irá se relacionar com jovens dessa geração. Ou seja, dentro de casa, direta ou indiretamente, convivo com essa realidade. Meu estudo, além de jogar luz para além do meu espaço particular, me ajudou a compreender ainda melhor meus filhos. Juntei o útil ao agradabilíssimo!

APROFUNDANDO E AMPLIANDO

O segundo motivo pelo qual escolhi esse assunto: é a continuação natural do trabalho que desenvolvo há muitos anos. Desde 2006, paralelo às minhas atividades profissionais, dedico muito tempo e energia para pesquisar, escrever e discutir sobre as mulheres sob a ótica da dualidade vida pessoal/vida profissional.

Primeiro, procurei entender as mulheres que empurraram a porta das empresas e ocuparam espaço no mercado de trabalho. Aquele grupo que mencionei anteriormente, do qual faço parte, que encarou o desafio de conciliar papéis, vivendo de um lado a alegria da maternidade e, de outro, a exaustão pela correria do dia a dia para cumprir tantas exigências profissionais e domésticas. Foi muito gratificante ouvir as dificuldades e as recompensas da dupla missão de quem estava vivendo esse cotidiano, já sabendo o que é bom e o que é ruim, pagando o preço dessa escolha. Um preço alto, aliás.

Compartilhei tais dilemas em meu livro de estreia, *Vida de Equilibrista: dores e delícias da mãe que trabalha*, lançado em 2007. Nele, apresentei os resultados de minha profunda pesquisa qualitativa, com um grupo de profissionais-mães das classes A e B, e também quantitativa, com mais 800 mulheres de mesmo perfil, de todo o Brasil. Depois, combinei com relatos de especialistas e com minha própria vivência como mãe e profissional, contribuindo para muitas leitoras perceberem que não estavam sós nesse conflito.

Para escrever meu segundo livro, *Aprendiz de equilibrista: como ensinar os filhos a conciliar família e carreira,* que chegou às livrarias em 2011, conversei com os filhos dessas mulheres equilibristas, principalmente crianças e adolescentes de 8 a 18 anos. Boa parte das garotas e dos garotos da geração pós-1990 já nasceu com pai e mãe trabalhando fora; portanto, pude investigar os impactos dessa ausência não só da mãe, mas do casal, na vida dos pequenos.

Como esse grupo lidava com a saudade? Qual seu nível de compreensão? Até que ponto se sentia feliz e como projetava o futuro? Sem perder o foco nos filhos, ampliei a discussão para o pai e a mãe, entendendo também de que forma ambos eram percebidos. Todas as suposições giraram em torno de um questionamento crucial: como minha vida de equilibrista impacta a vida de meus filhos?

Foi muito interessante perguntar, por exemplo, a um garoto de 12 anos como ele se imaginava na vida adulta: trabalhando? Em quê?

Casado ou solteiro? E claramente vi várias crianças almejando um equilíbrio melhor quando olhavam para os pais antes de responder: "Eu quero trabalhar como a minha mãe. Mas... Eu também quero ter mais tempo para minha família".

Elas sentem isso na pele. Assim como vários pais e várias mães expressavam essa vontade, falando coisas como: "Eu tenho que ir trabalhar, mas queria ficar mais com você".

Ou seja, filhos sofrem pela experiência própria e pelo que ouvem em tom de queixa dos adultos.

Chamei meus pequenos entrevistados de aprendizes de equilibristas por estarem vivendo nesse ambiente contemporâneo. Não escutei de nenhum menino ou menina "meu sonho é ser dono(a) de casa". Longe de mim desmerecer quem faz essa opção, mas ela não apareceu na minha pesquisa qualitativa e nem na quantitativa, com 400 crianças, metade com mães profissionais e metade com mães que não trabalham fora. O projeto de ter um emprego existia para todos, mesmo que tremendamente idealizado.

Encaro minha pesquisa atual, sobre as novas equilibristas, como um passo adiante nessa investigação iniciada com as mães, seguida das percepções das crianças. Com o intuito de trazer mais profundidade e amplitude aos projetos anteriores, o material recente que colhi, analisei em dissertação e transformei neste livro trata do desejo de equilibrismo de universitárias antes de mergulharem na carreira e, de fato, constituírem família. Em suma, como olham para o seu futuro próximo? E quanto isso é diferente do presente vivido pelas mães delas e por mim?

A escolha de Susan Talburt para minha orientadora nessa dissertação não foi à toa. Ela é membro titular do departamento de Estudos sobre Mulheres, Gênero e Sexualidade da Georgia State University e Ph.D. pela Vanderbilt University. Também autora de livros e artigos científicos, tem como área de estudo a América Latina, com um olhar voltado para jovens e suas questões relativas a gênero e sexualidade. Então, sua avaliação de doutora sobre o tema e sua proximidade com a alma latina me conduziram a uma viagem acadêmica e de estudos pela qual só tenho a agradecer.

DISCUSSÃO AINDA LONGE DO FIM

A falta de respostas para um dos maiores anseios femininos foi o terceiro argumento para pesquisar as universitárias. Há um alto número de estudos e publicações focados na luta para equilibrar carreira e vida pessoal, mas todos mostram que essa questão está longe de ser "resolvida". A conta ainda não fecha, e talvez por isso esse assunto me empolgue tanto. Podemos ver todos os dias novas discussões, teorias, livros, filmes campeões de bilheteria tentando alcançar e propor "soluções" para a dualidade vida pessoal/trabalho, tanto no meio acadêmico quanto no mercado.

Mommy Wars, A Mother's Work, Mogul, Momand Maid, Mommy Myth e Maxed Out são exemplos da febre de best-sellers envolvendo mães, trabalho e equilíbrio de papéis. E não somente livros, série e filmes americanos foram traduzidos para o português e lançados no Brasil, como também boas produções locais surgiram. Alguns exemplos: *Mamãe vai trabalhar e volta já* (livro), *Com licença* (documentário), *Família e trabalho: oposição ou harmonia?* (livro), *Plano Feminino* (site), *A mamãe é rock* (livro), *A verdade é que* (site) e *Bem-me-quer, mal-me-quer – histórias verdadeiras de mulheres e suas escolhas de carreiras* (livro).

Além disso, pipocaram nos últimos anos movimentos e eventos para provocar esse debate, reunindo representantes dos meios executivo e acadêmico, ligados a políticas públicas, empreendedorismo e ONGs. É o caso do Fórum Mulheres em Destaque e do TEDxSãoPauloWomen, no Brasil; e do mundial Women's Forum. A ONU Mulheres e o Pacto Global, depois de estabelecerem sete

Princípios do Empoderamento das Mulheres, vêm colhendo assinaturas de grandes empresas apoiadoras. Na mesma linha, o canal de tevê por assinatura GNT todos os anos abre um espaço para essa importante discussão e recentemente se envolveu com a ONU Mulheres no movimento #elesporelas.

Portanto, de diferentes formas, estilos e contextos, o crescente número de manifestações culturais, empresariais, sociais, dentro e fora do Brasil, expressa uma preocupação coletiva. Posso identificar uma ansiedade caracterizada por uma meta socialmente compartilhada de encontrar "soluções". Mesmo assim, acredito que essa discussão está longe do fim, particularmente se considerarmos o ponto de vista das universitárias atuais, que estão iniciando sua jornada à maturidade, quando sua dualidade trabalho/vida toma forma.

> É COMO SE NASCÊSSEMOS COM O "CHIP" INTERNO DO EQUILIBRISMO. ISSO TEM FORTE RELAÇÃO COM UM TRAÇO TÍPICO FEMININO DE CUIDAR, PENSAR NO OUTRO, QUERER QUE AS PESSOAS NO ENTORNO TENHAM UMA VIDA MELHOR

MUDANÇAS SIGNIFICATIVAS PARA OS DOIS

Conforme já mencionei, quando pensei num tema para minha dissertação de mestrado, quis andar um pouco à frente. Já entrevistei as mães, depois os filhos menores. Agora quero me concentrar nas jovens mulheres que vão determinar o novo equilibrismo. Por que não abordei os dois gêneros, como havia feito no meu livro e pesquisa anteriores? Basicamente porque essa questão – embora valha para os dois gêneros – é muito mais intrínseca à mulher. É como se, de alguma forma, nascêssemos com o "chip" interno do equilibrismo. Isso tem forte relação com um traço típico feminino de cuidar, pensar no outro, querer que as pessoas no entorno tenham uma vida melhor.

Nos últimos anos, fomos incorporando ao feminino o lado de produzir, competir, negociar, empreender, lucrar. Tudo isso estava mais presente no traço masculino, mas fomos absorvendo como nosso também, com sucesso. Por tudo que tenho estudado e vivenciado, vejo no equilibrismo essa combinação do cuidar e do produzir, junto com a vontade de garantir bem-estar, de não abandonar os pais à própria sorte, de olhar para as urgências sociais, de realizar sonhos como o de viajar.

Também foquei nas universitárias por acreditar que tal evolução na visão de mundo da mulher e em seus comportamentos influencia e acaba moldando a visão de mundo masculina e os comportamentos dos homens. Isso ocorre em vários níveis. É inegável que a revolução feminina de algum jeito impacta, ou melhor, promove novas atitudes por parte do parceiro, do filho, do empresário, da sociedade.

Mesmo porque somos nós que geramos e, salvo exceções, educamos os meninos e as meninas. Então, também estamos criando propostas de futuro para os dois gêneros. Por ter uma filha e um filho, lembro de mais de uma vez a Beatriz me alertar: "Mãe, chama o Gabriel para ajudar também".

Como educadora e mãe, tenho mais é que demandar aos dois que lavem os pratos, arrumem as camas, lutem pela carreira! Por sorte ou juízo, ambos me parecem que estão no bom caminho equilibrista, independentemente do gênero.

JÁ PASSOU A MANIA DE PERFEIÇÃO
As filhas maiores sabem que suas mães passaram por um equilibrismo que mirava na perfeição, em manter todos os pratinhos girando ao mesmo tempo, quase que na mesma velocidade e com o mesmo valor. Minha primeira pesquisa mostrou que as entrevistadas não se perdoariam se dessem menos atenção à limpeza da casa do que aos relatórios da empresa, às reuniões

na escola do filho em relação à macarronada com os pais idosos no domingo, às tarefas domésticas em detrimento das profissionais. E vice-versa.

> **É INEGÁVEL QUE A REVOLUÇÃO FEMININA DE ALGUM JEITO IMPACTA OU, MELHOR, PROMOVE NOVAS ATITUDES POR PARTE DO PARCEIRO, DO FILHO, DO EMPRESÁRIO, DA SOCIEDADE**

Ainda sobre a metáfora, na época em que lancei *Vida de equilibrista*, enxergávamos todos os pratinhos como sendo de vidro ou até cristal, exigindo um esforço enorme para que não caíssem, ou seríamos imperfeitas, ineficientes, incapazes. Dávamos peso máximo a todos eles, e esperávamos aplausos. O que mudou de 2007 para cá? As universitárias com quem falei – assim como minhas colegas de mestrado, as funcionárias jovens que trabalham no meu negócio e as conversas com minha filha e as amigas dela – deram excelentes sinalizações, que vou partilhar com você nas próximas páginas.

Já adianto que não são menos pratinhos para cuidar. Mas passamos a nos colocar mais no centro do nosso universo. Com mais poder de decisão sobre quais pratos queremos girar, como e quando. Definindo qual é de cristal e, portanto, não pode cair de jeito nenhum, e qual é de borracha. Se esse último escapulir da mão, é só pegar e reerguer, botando para girar novamente, na rotação desejada conforme o momento, a vontade, a circunstância.

É enganoso achar que a mulher não quer tudo. Ela quer tudo e muito! Talvez não mais com a mesma perfeição, intensidade e pressão que atormentavam a geração anterior. Isso faz toda a diferença, porque torna o equilibrismo uma atividade mais leve, individual e customizada. Cada uma se sente mais agente, mais protagonista de seu equilibrismo; e não seguidora do equilibrismo dos outros.

Também foi assim meu processo. Iniciei meu primeiro emprego aos 21 anos, me casei aos 26 e fui mãe aos 28. Segui trabalhando, maternando, educando filhos, administrando a casa. Também jogando tênis, correndo, malhando, porque eu adoro fazer esportes. Assim como amo viajar. E ainda arranjo tempo para fazer outras coisas, como contribuir para o crescimento de outras pessoas.

Gosto de fazer o bem e procurei cultivar esse valor na minha família. Como curtimos esportes, procuramos dar visibilidade e outros incentivos a talentos brasileiros, por exemplo, patrocinando anualmente um evento para mais de 300 tenistas – entre eles, alguns pouco abastados que têm assim uma chance de construir carreira no esporte.

Faltava espaço na minha agenda para voltar a estudar, reciclar conhecimentos, analisar questões contemporâneas. Em 2014, resolvi me dedicar a um mestrado quando olhei para as minhas responsabilidades e disse a mim mesma: meus filhos estão crescidos, não precisam mais tanto de mim; meu trabalho está mais orquestrado, e a empresa, que existe desde 1993, caminha bem. Pensei que, se eu não fosse perfeita, se caísse algum prato temporariamente, não seria o fim do mundo. Eu e todos à minha volta iríamos sobreviver. Funcionou.

NOVOS ARRANJOS COLETIVOS
A decisão de realizar o mestrado nos Estados Unidos é outra história equilibrista para minha coleção. Minha filha já morava havia dois anos em Atlanta, onde foi cursar universidade. Meu marido e eu tínhamos um plano antigo de passar uma temporada fora do Brasil, adiado várias vezes porque pensávamos: será que o nosso negócio suporta ser gerido à distância? Temos uma equipe excelente, mas somos os líderes. A empresa carrega o nosso nome. Ao sairmos de cena, o "pratinho" empresarial poderia perder um pouco o ritmo – um preço a pagar em prol de um projeto equilibrista maior.

Quando meu filho mais novo também acenou querer estudar fora, orquestramos uma forma de fazer um equilibrismo coletivo e locamos, em 2013, um apartamento na mesma cidade onde nossa filha estava. Tomei a decisão final e, claro, toda a família teve que fazer vários arranjos. A Beatriz seguiu morando na faculdade, então estava perto e longe. Já o Gabriel, que ingressou no segundo ano do ensino médio, morava conosco. Meu coração apertou um pouco por ficar distante dos meus pais. Mas foi um dos melhores períodos da minha vida, e recomendo enormemente.

Esse movimento combina um pouco com um equilibrismo mais evoluído que vou detalhar neste livro. Falo de um projeto equilibrista familiar, diferente do individual que marcou meu primeiro livro, de 2007. Se eu evoluí na forma de administrar minha dualidade vida/trabalho, essa geração de mulheres jovens que pesquisei vai evoluir ainda mais.

QUE O CONTEÚDO DESTE LIVRO...
...contribua com as mulheres jovens na construção de sua jornada de felicidade. Ao saber o que outras jovens como elas estão pensando para o futuro, cada uma poderá se identificar, se questionar ("Não é isso que eu quero"), se balizar ("Se é isso que eu quero, o que tenho de fazer por mim?") e encontrar inspirações para seu próprio projeto de vida.

Foi assim com meus livros anteriores. Sempre quis que funcionassem como ferramentas de informação para rodas de conversa nas quais mulheres dividissem dúvidas, medos, desejos, necessidades. É gostoso conhecer o que pessoas da mesma faixa etária estão falando, pensando, sentindo e desejando – coisas que às vezes uma mulher acha que é só dela, quando, na verdade, são expressões de uma geração.

...contribua com os pais facilitando abrir um canal de diálogo efetivo e dando repertório para isso, com base numa perspectiva ampla, trazida pela pesquisa com as universitárias. Há vários responsáveis bem informados, querendo saber mais e mais, e há muitos outros perdidos na tarefa de orientar os filhos, especialmente as filhas, em tempos de tantas mudanças.

Como o mundo não se resume aos nossos rebentos apenas, conhecer o que outras jovens estão pensando e projetando pode dar excelentes dicas de como dialogar dentro de casa. Vale ressaltar que, quando você tem filhas na faculdade ou entrando no mercado de trabalho, seu papel é ser menos aquele que dita o que fazer e muito mais de conselheiro. Você é quase um consultor, um mentor. Para isso, precisa compreender melhor quais são os anseios delas, enriquecendo seu repertório de argumentos e possibilidades.

...contribua com as empresas preocupadas em atrair e reter talentos, especialmente os femininos. Muito mais qualificadas, essas moças levam inovação e competitividade ao mercado de trabalho, mas também cobram nova postura que a maioria dos empregadores não está 100% pronta a entregar. Por exemplo, horários flexíveis e um relacionamento mais aberto com as lideranças.

O ambiente corporativo foi feito por homens e para homens. Muita coisa está mudando, mas receber adequadamente as jovens graduandas ainda é desafiador a muitos RHs. Por isso, também para as empresas, este livro vai iluminar caminhos ao desvendar o colorido dessa geração de mulheres com tudo para brilhar. E não é só a quem contrata que as informações serão úteis, mas também a todos que se relacionam comercialmente com essas mulheres como clientes, parceiras, fornecedoras, concorrentes e, principalmente, consumidoras.

...contribua com os profissionais de coaching que alimentam e orientam os sonhos dessas jovens acerca do futuro. Entender para onde apontam o coração e a mente dessas jovens é funda-

MUITO MAIS QUALIFICADAS, ESSAS GAROTAS LEVAM INOVAÇÃO E COMPETITIVIDADE AO MERCADO DE TRABALHO, MAS TAMBÉM COBRAM NOVA POSTURA QUE A MAIORIA DOS EMPREGADORES NÃO ESTÁ 100% PRONTA A ENTREGAR.

mental na condução desse processo. Mesmo que elas ainda estejam falando de planos, é a partir deles que darão os primeiros passos de suas jornadas de vida, no campo pessoal e profissional.

...contribua com as marcas que precisam evoluir na linguagem e no posicionamento em relação às mulheres. Aquelas que entenderem melhor essas jovens entrantes no mercado de trabalho vão conseguir traduzir seus desejos, atender seus anseios, acolher seus propósitos. Ter mais informações vai ajudar as marcas a colocar em perspectiva as dificuldades, as aspirações e os projetos dessa geração. E, mais assertivamente, alcançar aquilo que é o sonho dourado de qualquer estratégia de marketing: fidelizá-las assim como torná-las influenciadoras em seu favor (por saber que essas marcas também as apoiam).

...contribua com educadores do ensino médio e universitário. Para que possam corresponder às expectativas de construção profissional dessas jovens, que desafiam as regras convencionais, buscando propósito naquilo que estão aprendendo e maior liberdade de escolha acerca dos conhecimentos que querem assimilar.

...contribua com todas as equilibristas ao manter viva a estimulante e necessária discussão sobre como melhorar a dualidade vida pessoal/trabalho.

Boa leitura!

CAPÍTULO 1

DILEMA AMERICANO OU DE TODAS?

Nada como estudarmos a geração de mulheres jovens para termos pistas bastante reveladoras sobre a evolução do equilibrismo feminino e sobre o que desejamos às nossas filhas, sobrinhas e afilhadas. Nos últimos tempos, vinha me despertando uma curiosidade enorme de saber: como é que vai ser o equilibrismo da minha Beatriz e das outras garotas da mesma faixa etária? De que formas a vida dessa geração vai ser diferente da minha? Como vão lidar com carreira, relacionamentos, maternidade e outros papéis ou interesses? E mais: como as escolhas que fizerem (porque, sim, terão que fazer escolhas) vão impactar no futuro dos homens, já que tenho um filho também.

Motivada tanto acadêmica quanto pessoalmente, também fiz uma escolha: usar como quadro inicial de referência para esta pesquisa dois livros comentados no mundo inteiro nos últimos anos, para avaliar como esses dois pontos de vista traduzem (ou não) as expectativas futuras das universitárias. Suas propostas polarizaram opiniões entre as mulheres que já estão no mercado de trabalho. E quanto às entrantes? Primeiro, vamos entender o que defende cada um dos dois livros.

Um deles é o denominado manifesto de Sheryl Sandberg, revelado em *Lean in: Women, Work, and the Will to Lead*, que virou best-seller também no Brasil com o título *Faça acontecer: mulheres, trabalho e a vontade de liderar*. E o outro é a denominada revolução de Pamela Stone, discutida em *Opting out: why women really quit careers and head home*. Numa tradução livre, "Por que as mulheres estão abandonando suas carreiras e voltando para casa".

Ambos os textos trabalham com base em experiências de executivas em importantes organizações; porém, descrevem alternativas singulares e divergentes sobre como a geração atual de mulheres bem-sucedidas estão combinando expectativas profissionais e vida pessoal na gestão da própria carreira. Também apresentam visões que se chocam sobre como promover igualdade de gênero no local de trabalho.

O primeiro defende que, para vencer numa esfera dominada por homens, as mulheres devem deixar de lado qualquer hesitação e adotar uma atitude "reta", almejando nada menos que o topo. O termo *lean in* traça um caminho para ser bem-sucedido no mundo corporativo no qual as mulheres devem desconsiderar sua falta de confiança, acreditar em si mesmas, trabalhar mais e rápido.

Já o segundo segue uma rota diferente, alertando a sociedade sobre as lutas intensas que a geração atual de mulheres enfren-

> *OPT OUT* É O MOVIMENTO DE MULHERES DEIXANDO A FORÇA DE TRABALHO E VOLTANDO PARA CASA, NÃO POR VONTADE, MAS EXAURIDAS PELA AGENDA ALTAMENTE EXIGENTE DO MERCADO

ta para equilibrar uma agenda altamente exigente com sua vida pessoal/familiar. *Opt out* é definido como o movimento que a autora observou de mulheres deixando a força de trabalho e voltando para casa, não por vontade, mas exauridas pela agenda altamente exigente do mercado.

Optei por manter esses dois termos em inglês, seja porque eles já viraram um jargão, seja porque resumem bem os conceitos, coisa que no português é sempre mais difícil. *Lean in* e *opt out* carregam mensagens extremas: uma empurra as mulheres para o trabalho e outra as puxa para a esfera doméstica. Uma força centrífuga define o padrão para ter sucesso e uma força centrípeta oposta a expele do trabalho para casa.

Essas duas forças mostram que, para vencer e subir a escada corporativa no espaço sexista das organizações, as mulheres devem executar e se comportar de acordo com determinadas expectativas, nas quais a racionalidade, a agressividade e a tenacidade prevaleçam. Caso isso não aconteça, elas são pressionadas a "abandonar o barco".

DUAS MULHERES COM VOZ ATIVA

As autoras têm o mérito de buscarem dissecar os motivos por trás dos persistentes números da desigualdade entre os gêneros. Por que as mulheres não estão chegando às mais altas posições em empresas, num ritmo mais rápido e em maior número? Ambos os livros são dedicados a essa problemática e discussão necessária. O que me atraiu acima de tudo, como pesquisadora e apaixonada por esse tema, foi o fato de Sheryl e Pamela fazerem isso apresentando orientações antagônicas, seguindo as experiências pessoais distintas de cada uma. Isso resultou num caldo maravilhoso de estudo para minha dissertação.

Recuperando quem é cada autora, começamos por Sandberg. Vice-presidente operacional do Facebook, figura na lista das pessoas mais importantes do mundo, de acordo com a revista *Forbes*. A revista *Time* também a coloca como uma das cem pessoas mais influentes do planeta. Antes de se tornar braço direito do fundador da rede social, Mark Zuckerberg (15 anos mais jovem do que ela), foi vice-presidente de Vendas Online Globais do Google e Chefe de Gabinete do Tesouro Americano. Obteve seu bacharelado e MBA na Universidade de Harvard, onde recebeu o Prêmio John H. Williams Prize de melhor aluna de Economia.

Tem dois filhos e ficou viúva inesperadamente em 2015, quando Dave Goldberg (presidente-executivo da Survey Monkey) sofreu um acidente na academia do hotel onde a família curtia férias no México. Sandberg trabalha fora desde cedo, começou durante a universidade. Sem dúvida, suas jornadas acadêmica e profissional foram caracterizadas como um caminho neoliberal consistente, marcado por uma abordagem que segue o *status quo*.

Kate Reddy, a personagem da atriz Sara Jessica Parker no filme *Não sei como ela consegue,* estava seguindo o conselho de Sandberg. Usava mil artimanhas para equilibrar sua vida familiar ética com a carreira em ascensão numa companhia de investimentos demandadora de extrema dedicação e várias viagens. Pois a trabalhadora e mãe estressada Kate adotava a estratégia *lean in,* focando fortemente na carreira e trabalhando mais e mais rápido. O curioso é constatar que a atriz, na vida real, deu um tempo em seu trabalho de fazer filmes para se dedicar às filhas gêmeas, fruto de uma barriga de aluguel. Em outras palavras, Parker temporariamente praticou o *opt out* da vida agitada dos atores de Hollywood, pelo menos fora das telas.

Já Pamela Stone é professora de Sociologia no Hunter College e no Centro de Graduação da Universidade da Cidade de Nova York. Como pesquisadora, seu compromisso foi entender as escolhas das mulheres em termos de carreira/vida pessoal. Ela se autodefine como socióloga e *soccer mom,* expressão bastante usada nos Estados Unidos para definir o perfil de mulheres que coloca os interesses da família à frente dos outros. O nome "brinca" com a ideia de que ficam levando os filhos para cima e para baixo em suas atividades, especialmente esportivas. Seria o equivalente à expressão que criamos no Brasil: "*mãe*toristas".

É mesmo tudo ou nada?
Suas carreiras e estilos de vida não são apenas diferentes, como também apresentam opções diversas de condução feminina da carreira e da rotina familiar. O manifesto de Sandberg, *lean in,* visa empurrar as mulheres para frente, para acelerar se quiserem sucesso no trabalho. A vida pessoal está quase ausente na narrativa. O argumento se espelha na própria carreira: "O Facebook está disponível em todo o mundo 24 horas por dia e, na maior parte do tempo, eu também. Os dias que eu pensava em me desconectar por um fim de semana ou férias se foram". A mesma mensagem foi enviada por Marissa Mayer, CEO do Yahoo, quando Patricia

Sellers, da revista *Fortune,* escreveu que a maternidade de Mayer duraria apenas algumas semanas porque ela não queria perder de vista a rotina da empresa: "Gosto de ficar no ritmo das coisas".

Notadamente, Sandberg, assim como Mayer, são mulheres bem-sucedidas nos negócios digitais, um setor orgulhoso por estar disponível 24 horas por dia, com interações ininterruptas com o mercado. Posso ver ambas as vidas e posições que defendem refletir a dinâmica desse mercado ao qual pertencem.

O MANIFESTO DE SANDBERG, *LEAN IN,* VISA EMPURRAR AS MULHERES PARA FRENTE, PARA ACELERAR SE QUISEREM SUCESSO NO TRABALHO.

Os chamados "pontos de revolução" de Stone apontam para uma direção diferente. Sua alegação é de que as mulheres estão sendo forçadas a "jogar a toalha" de suas ambições profissionais e voltar para casa. Ela se refere a um "duto com vazamento", que as empurra para fora do mercado. E acredita que a combinação de um mundo corporativo de alta pressão com demanda de prestar contas 24 horas por dia com a restrita flexibilidade de horários de trabalho torna o ambiente um espaço não amigável e hostil ao gênero feminino e incompatível com a manutenção de uma vida familiar saudável. Muitas profissionais não podem parar, por razões econômicas, então perseveram mesmo sabendo que o ônus é grande!

Todavia, a professora de Sociologia defende que aquelas que têm poder de escolha estão trocando o estresse e tantas exigências do emprego remunerado por tempo não remunerado com a família – especialmente as que têm filhos. Stone apresenta números para provar sua teoria. Por exemplo, explica que 43% das mulheres altamente qualificadas deixaram o trabalho por se tornarem mães enquanto essa evasão é de 24% nos homens, que tomaram essa decisão não por causa de filhos, e sim para perseguir outras carreiras, estudar ou começar um novo negócio.

Para as mulheres, é tudo ou nada, conforme indicado por Stone. Com um argumento similar, Hester Vair, professora de Sociologia na New Brunswick, no Canadá, diz que a maternidade no trabalho é problemática, porque une duas funções incompatíveis. As mulheres têm de administrar simultaneamente duas identidades, uma ligada à maternidade e outra ao trabalho. A jornalista Lisa Belkin, quem primeiramente usou o termo "revolução do *opt out*", ecoa Stone, confirmando que as mulheres, por sofrerem com as demandas do mundo corporativo, estão saindo dele: "À medida que olham para o topo, elas estão cada vez mais decidindo que não querem fazer o que é necessário para chegar lá".

CLARAMENTE, O EX-PRESIDENTE AMERICANO COLOCA AS MULHERES NO CENTRO DA ECONOMIA E AINDA TROUXE À BAILA DOIS TEMAS CRUCIAIS: CARREIRA E MATERNIDADE.

DISCUSSÃO EM AMPLA ESCALA

"Hoje em dia, as mulheres representam metade da força de trabalho. Mas ainda recebem 77 centavos de dólar para cada dólar que um homem recebe. Isso está errado e, em 2014, é constrangedor. Uma mulher merece pagamento igual por trabalho igual. Ela merece ter um filho sem sacrificar seu trabalho. Uma mãe merece um dia de folga para cuidar de um filho ou parente doente sem ter complicações – e quer saber, um pai também... É hora de deixar de lado políticas de trabalho que pertencem a um episódio de Mad Men"

Essas foram as palavras do Presidente Barack Obama no State of the Union Address, em discurso de abertura do ano de 2014. Ele reforçou sua posição adicionando outra afirmação impactante: "Quando as mulheres têm sucesso, a América tem sucesso".

Claramente, o ex-presidente americano coloca as mulheres no centro da economia e ainda trouxe à baila dois temas cruciais: carreira e maternidade. Tocou num ponto muito sensível, desafiando a sociedade e as empresas locais a acabarem com a desigualdade salarial e a irem na direção de um ambiente mais adequado às mães trabalhadoras.

Tais palavras certamente refletem um fenômeno sentido muito além das fronteiras dos Estados Unidos. Soaram muito familiares para mim e para tantas mulheres em outras partes do mundo, eu aposto. Até Dilma Rousseff, na celebração do Dia Internacional da Mulher do mesmo ano, se pronunciou à nação usando os mesmos termos que Obama: "Independentemente de muito progresso, o Brasil ainda precisa prestar mais atenção às mulheres. Há muitas barreiras a serem quebradas para garantir igualdade, mais direitos das mulheres e mais mulheres em posições de liderança em empresas e organizações. Este é o século das mulheres".

Ela também destacou o número elevado de empreendedoras brasileiras – mulheres que optam por abrir seu próprio negócio como uma alternativa para equilibrar trabalho e família.

Tanto Obama quanto Rousseff são testemunhas de uma questão que impacta vidas pessoais e economias ao redor do globo: a presença/ausência de mulheres na força de trabalho. Ambos estão reproduzindo os sentimentos de muitas mulheres que, de Norte a Sul, lutam para conciliar o trabalho e a vida familiar e, enfim, chegar a cargos mais altos em organizações.

No Brasil, por exemplo, os pesquisadores Antonio Carvalho Neto e Betania Tanure já revelaram que 29% de mulheres executivas brasileiras, da média-administração ou acima, planejam reduzir seu ritmo de trabalho voluntariamente devido à maternidade ou para buscar mais tempo e qualidade de vida. Além disso, mencionaram que três em cada quatro mulheres estão insatisfeitas com o tempo que dedicam a seus parceiros, filhos e pais, e 69% se sentem sobrecarregadas por esse fardo.

Não só o Brasil, mas a América Latina como um todo segue o mesmo padrão. Num relatório produzido pelo Banco Mundial, a economista Laura Chioda ilustra o dilema que as mulheres enfrentam para conciliar trabalho e família em referência a uma menção de Carolina Schmidt, ex-ministra da educação do Chile: "Equilibrar trabalho e família é um dos maiores desafios do país". O relatório estende sua análise a outros países da América Latina e do Caribe e afirma que a luta para manter esse equilíbrio é carregada de enorme culpa materna.

Situação similar é identificada na Europa. Uma equipe da consultoria global Bain&Company estudou em 2010 o tópico na Alemanha e revelou que as mulheres representavam apenas 12% dos conselhos de administração das empresas. Também analisou que, nos últimos anos, embora tivessem avançado em questões como assédio, elas continuam a lutar por paridade com os homens no acesso a cargos de liderança, por exemplo. Entretanto, na medida em que tentam equilibrar a dualidade vida pessoal/trabalho, frequentemente se veem escorregando na corrida ao topo.

Outra figura influente, o Papa Francisco, mais de uma vez chamou a atenção do mundo ao pedir à igreja que valorize mais as mulheres. Em missa realizada em setembro de 2015 na Filadélfia, cidade-berço da independência americana, afirmou: "Isso significa valorizar a imensa contribuição que a mulher fez e continua a fazer para a vida de nossas comunidades".

Trata-se de um tema que interessa ao pontífice particularmente, como reiterado várias vezes, pois segundo ele é necessário estudar critérios e modalidades novas para que as mulheres não se sintam hóspedes, e sim participantes plenas dos vários âmbitos da vida social e eclesial. Superadas as fases da "subordinação social" e da "igualdade absoluta", analisou o Papa, configurou-se agora o paradigma da "reciprocidade na equivalência e na diferença". Ou seja, a relação homem-mulher deveria reconhecer que ambos são necessários enquanto possuem uma idêntica natureza, mas com modalidades próprias. Para ilustrar, lembrou a seus seguidores o conceito de que "a Igreja é mulher. É a Igreja, não o Igreja".

A PRESENÇA DE MULHERES E DE MÃES NO TRABALHO VEM CRESCENDO EM TODAS AS PARTES DO MUNDO. NOS EUA, EM 2009 EXISTIAM 43 MILHÕES, SENDO QUE CERCA DE 70% DELAS TINHA FILHOS

Um dos bilionários mais jovens do planeta, Mark Zuckerberg, o chefe de Sandberg, também se manifestou sobre o assunto. A seu modo, claro, pelo Facebook, que ele fundou. Ao saber que estava "grávido" de uma menina, em 2015, anunciou querer se concentrar em fazer do mundo um lugar melhor para sua filha e a próxima geração (ter prolongado para quatro meses a licença-paternidade de seus funcionários é uma confirmação de sua intenção). E abriu 2016 com uma atitude rara, respondendo a uma de suas seguidoras. No caso, uma avó que postou incentivar as netas a saírem com os nerds da escola, ao que o próprio Mark rebateu: "Ainda melhor seria encorajá-las a serem as nerds da escola, para que elas sejam as próximas inventoras de sucesso!".

A LACUNA SALARIAL E O CICLO VICIOSO

Como se vê, a sociedade ocidental como um todo enfrenta um desafio comum: como administrar o dilema trabalho/vida pessoal que impede o progresso das mulheres e limita suas oportunidades. É verdade que a presença de mulheres e de mães no trabalho vem crescendo em todas as partes do mundo. Nos Estados Unidos, de acordo com o US Census Bureau, em 2009 existiam 43 milhões, sendo que cerca de 70% delas tinha filhos.

Se compararmos aos números atuais relacionados à presença de mulheres em empregos remunerados com os de 50 anos atrás, o crescimento é impressionante: em 1960, 30% da população feminina estavam na força de trabalho e em 2010 sua parcela atingiu 53%. Mulheres fizeram grande progresso durante esse período. Catalyst revelou que elas ultrapassaram os homens em bacharelados, ocupam cada vez mais áreas profissionais que eram restritas aos homens, como carreiras STEM (*Science, Technology, Engineer and Mathematics*) e representam 14% dos CEOs das empresas citadas na lista *Fortune 500*.

SE NADA DE MAIS CONTUNDENTE FOR FEITO, VAI LEVAR 80 ANOS PARA TERMOS A COMPLETA EQUIDADE COM OS HOMENS NO MERCADO DE TRABALHO.

No entanto, esse crescimento está muito aquém do desejado. O Relatório da Desigualdade entre Gêneros de 2012, produzido pelo Institute for Women's Policy Research, mostrou que o progresso no preenchimento da desigualdade de ganhos entre os gêneros teve seu ritmo consideravelmente diminuído desde a década de 1980 e início dos anos 1990, conforme avaliado por ambas as séries de dados. Desde 2001, a lacuna dos ganhos anuais dos gêneros diminui apenas um ponto percentual. As mulheres continuam a receber em média 30% menos que colegas homens para realizar as mesmas tarefas.

E, se nada de mais contundente for feito, vai levar 80 anos para termos a completa equidade com os homens no mercado de trabalho, segundo o Relatório Global de Equidade de Gênero, do Fórum Econômico Mundial, divulgado em 2015.

Virginia Valian ressalta o ritmo lento de mudança em termos de igualdade de gêneros em seu livro *Why So Slow? The Advancement of Women* (em tradução livre, "Por que tão devagar? O avanço das mulheres"). Ela comprova que nos negócios, no Direito, na

Medicina ou no meio acadêmico, as mulheres não estão avançando à mesma taxa que os homens e adiciona que ganham menos do que deveriam, ocupam posições de menor poder e não são respeitadas. Valian se refere a "esquemas de gêneros" definidos como um conjunto de hipóteses implícitas ou inconscientes para a explicação do ritmo das mulheres.

Há uma correlação direta entre a lacuna salarial e o ritmo de avanço das mulheres com as teorias *lean in/opt out*. Isso funciona como um ciclo vicioso. Para diminuir a lacuna salarial, há mulheres pisando fundo no acelerador de carreira e passando por cima da vida pessoal, quando preciso. Outras se recusam a um ritmo tão sacrificante de trabalho e acabam "jogando a toalha" de suas ambições de atingir o topo, o que reduz o número de combatentes na luta por igualdade salarial entre os gêneros e reforça a justificativa do mercado de que, como Sandberg alerta, são elas que não querem. Mas daí vem Stone questionando que, por esse preço tão alto, não é para querer mesmo!

Lean in, opt out e a lacuna salarial entre os gêneros, então, são elementos da mesma história, discutida em várias esferas nos últimos anos. Só que vem uma geração nova disposta a reescrever esse enredo.

TÃO PERTO E TÃO LONGE DA NOSSA REALIDADE

Eu identifico o livro da executiva Sandberg como literatura de "autoajuda", baseada num roteiro de como ter sucesso. A narrativa é inspirada em sua própria história, na qual ela se coloca como modelo, um exemplo vivo da atitude *lean in*. Contrariamente, o argumento da acadêmica Stone utiliza uma abordagem sociológica de mudanças e decisões recentes de mulheres em termos de equilíbrio trabalho/vida. É baseado em pesquisa rigorosa e interpretado por meio de uma análise profunda de questões contemporâneas relacionadas a mulheres executivas nos Estados Unidos. Sem oferecer uma receita de sucesso, contenta-se em revelar como percebe essa tendência de as mulheres deixarem o emprego e voltarem para casa.

Outro importante ponto a considerar é o fato de ambas focarem especialmente em mulheres brancas heterossexuais americanas, de camadas média a alta. Nem Sandberg nem Stone fazem observações ou análises que incluam nacionalidades, etnias, orientações sexuais ou classes sociais. Os pontos de vista específicos certamente refletem as próprias subjetividades e agendas políticas. E, como bem observou a americana Linda Alcoff, professora de filosofia da Hunger College, em Nova York, a identidade social de um locutor tem impacto significativo sobre a sua alegação e pode servir para autorizar ou desautorizar o discurso de uma pessoa.

NEM SANDBERG NEM STONE FAZEM OBSERVAÇÕES OU ANÁLISES QUE INCLUAM NACIONALIDADES, ETNIAS, ORIENTAÇÕES SEXUAIS OU CLASSES SOCIAIS.

Como uma mulher americana de classe alta, executiva em cargo de diretoria e branca, Sandberg discorre a partir de seu ponto de vista, privilegiando um entendimento específico da sociedade. A socióloga Stone, da mesma forma, falando do meio acadêmico, representa outro contexto discursivo. Desse modo, nas palavras de Alcoff: "A maneira pela qual aquilo que se fala é ouvido, dependendo de quem fala, afetará o estilo e a linguagem em que é declarado, que em contrapartida afetará sua significância percebida (para determinados ouvintes)...".

As narrativas de Sandberg e Stone expressam exclusivamente a perspectiva americana e focam na geração atual de mulheres que já ocupam cargos administrativos médios e superiores. Justamente por isso, conforme detalharei em "Especificidade Brasileira", no capítulo 3, optei por estudar a dualidade *lean in/opt out* com as universitárias do Brasil, como uma análise adicional ao trabalho de Sandberg e Stone.

Em nosso país, a maioria das mulheres, em especial as jovens entrantes no mercado de trabalho, olha para frente e enxerga um cenário mais amplo que as americanas, um horizonte que comporta uma terceira e boa opção, além das duas extremas. As filhas do Brasil, se é que podemos chamar assim, não estão dispostas a mergulhar totalmente na carreira, esquecendo a vida pessoal. Tampouco querem cair fora, se isso depender delas. Desejam tudo! Como? Discutiremos ao longo deste livro.

CAPÍTULO 2
SUCESSO À BRASILEIRA

Para compreendermos o que as jovens de hoje querem nos dizer vale a pena relembrarmos pontos cruciais da trajetória do feminino. E nosso pano de fundo começa quando as mulheres deixaram de ser invisíveis fora do lar. Se analisarmos as mudanças que ocorreram em nossa sociedade nas últimas cinco décadas vamos reconhecer que foi a mulher a detonar boa parte delas. Porque era quem precisava se mexer.

Coube à geração que veio antes da minha, a que estava com 20 anos na década de 1960, lançar um chamado geral por equidade, deixando claro que não pedia nenhum favor. Precisavam participar da economia, entrar nas empresas, votar. A vida de todos daria um salto de qualidade. Porque pensar em responsabilidade social, em questões ambientais, em oportunidades para a comunidade sempre foram características socialmente construídas para serem femininas. Como se o mundo precisasse desse nosso jeito empático de ser abraçado, desse nosso DNA cuidador.

As jovens da década de 1960 alavancaram um processo de correção de desigualdades, mas que ainda não acabou. Em todos os lugares, inclusive no Brasil, existia uma cultura machista forte que vem enfraquecendo, mas ainda exige atenção.

As mulheres representam 47% da nossa força de trabalho ativa de acordo com estimativas de fevereiro de 2016 do IBGE, o censo oficial do país, mas ganham 23% menos que os homens e só ocupam 3% dos cargos de CEO. Esses números refletem uma desigualdade de gêneros ainda maior se considerarmos a educação formal. O Censo de 2012 mostrou que as brasileiras somam 60% da população com bacharelado e obtêm 51,1% das graduações. O mais impressionante: a estatística mostra que, quanto mais estudam, maior é a lacuna salarial. Pode isso?

Como ponto positivo, temos maior presença das jovens em posições e carreiras que não são tipicamente femininas. Um dos exemplos mais emblemáticos está na profissão de piloto de avião, com mulheres ampliando a atuação do atendimento a bordo para o comando da aeronave e da tripulação. É o caso da catarinense Elisa Rossi e da paulista Angelita Araújo. Na Força Aérea Brasileira, em 2015, já havia mais de 10 mil delas em funções como piloto de combate e comandante de organização militar. E ainda há o esforço de empresas mais conscientes dessa boa qualificação para promoverem incentivos específicos para formar mais engenheiras, programadoras e cientistas, por exemplo. Caso da Boeing Brasil, da Goldman Sachs e da L'Oréal, respectivamente. Mas só isso não nos satisfaz. Precisamos de mais, e mais rápido.

AS JOVENS JÁ NASCERAM NUM CONTEXTO EM QUE AS DESIGUALDADES ESTÃO DESCORTINADAS, O QUE FACILITA QUE OCUPEM MAIS E MAIS ESPAÇOS.

Esse grupo de mulheres que está chegando agora ao mercado de trabalho brasileiro, com 20 e poucos anos, pelo qual eu me interessei, sabe que enfrentará batalhas. A diferença é que elas não correm mais para se afirmar perante os outros. Talvez a geração da mãe delas tivesse que mostrar que podia, que era capaz, e, para isso, tinham que bater na mesa e falar grosso, imitando códigos masculinos vigentes nos negócios, para se impor.

Agora está provado que a mulher, do seu jeito, pode liderar, pode se dar bem, pode trazer resultados etc. Mesmo assim, ainda encontra na sua jornada de felicidade diversas barreiras, que têm a ver com o jogo equilibrista.

As jovens já nasceram num contexto em que as desigualdades estão descortinadas, o que facilita que ocupem mais e mais espaços. No entanto, olharam o enorme esforço de suas mães para dar conta de tantos interesses pessoais e profissionais perfeitamente (o equilibrismo da minha geração) e acharam que podem fazer diferente.

Isto é, se replicarem o pensamento de que tudo na vida é importante e que não podem deixar nenhum pratinho parar de girar nunca, será muito difícil evoluir. Felizmente, as jovens estão no caminho de estabelecer escalas de prioridade. Pelo menos reivindicam essa liberdade de escolha.

CARÊNCIA DE INVESTIGAÇÃO
Com o próprio vocabulário, as mulheres brasileiras também estão enfrentando os desafios relacionados aos dois polos de discussão *lean in/opt out*. Porém, a maioria dos estudos conduzidos no Brasil é realizado com executivas já estabelecidas. Curiosamente, não encontrei nenhum trabalho etnográfico e mais profundo sobre essa população específica (as jovens universitárias) conduzido no Brasil. Tal carência, aliás, identifiquei em estudos globais.

O foco dos pesquisadores costuma ser na geração atual de mulheres seguindo carreira executiva, ou seja, o grupo que já está no mercado. Algumas análises só revelam a realidade de mulheres do Norte Global, e lá o dilema trabalho/vida pessoal se desenrola em um contexto diferente do Brasil. Poucos estudos se preocuparam em investigar o futuro e identificar novas possibilidades de representação para a geração entrante – e esses ficam exclusivamente centrados nos países desenvolvidos.

Sendo assim, grande parte dos dados disponíveis reflete o ponto de vista da americana, branca e heterossexual. Por isso, amplificar essa perspectiva tornou-se uma das minhas metas. Meu objetivo de pesquisa: preencher essa lacuna, colocando o meu foco na nova geração de mulheres brasileiras e entendendo as futuras ambições delas em termos de equilíbrio entre a vida profissional e a pessoal.

Quis analisar se (e como) estão mantendo, revendo ou desconstruindo essa dualidade lean in/opt out e criando um novo espaço para representação. Com esse contexto em mente, me concentrei em analisar as perspectivas de Sandberg e de Stone do ponto de vista de quem está dando seus primeiros passos rumo ao mundo profissional e à maturidade. Enxergar, através das lentes de nossas universitárias, quais são as expectativas para uma vida pessoal e profissional bem-sucedida e como elas reagem tanto à ideia de pisar fundo na carreira quanto a de desistir dela para não sacrificar outros sonhos, como ter uma família e filhos.

Antes vamos recuperar importantes especificidades do histórico profissional das brasileiras, que as jovens pesquisadas conhecem muito bem, por terem visto acontecer com a mãe, a tia, a irmã mais velha...

NOSSA CORRIDA DE OBSTÁCULOS

Com base no estudo qualitativo entre homens e mulheres executivos que citei no capítulo anterior, sobre o desejo de diminuir o ritmo identificado entre executivas de média-administração ou acima, Antonio Carvalho Neto e Betania Tanure indicaram vários obstáculos ao sucesso feminino no Brasil: preconceito profundamente enraizado, pressão biológica para ter filhos, sobrecarga devido a preocupações com filhos *versus* horário de trabalho demasiadamente longo, relação difícil com o parceiro. O dilema é bem expresso neste depoimento de uma executiva pesquisada: "Estou no meio de uma crise porque tenho a oportunidade de aceitar um cargo internacional, mas me pergunto: vale a pena? Meus filhos são pequenos. Minha estrutura já está montada aqui. Meu marido tem a carreira dele. Por outro lado, sei que, da perspectiva da empresa, preciso fazer isso...".

A conciliação carreira-família, de acordo com a equipe de Neto, é o que influencia o número mais baixo de mães em altos cargos no Brasil em comparação a pais que trabalham. Tanto que 40,5% das líderes mulheres não têm filhos; enquanto na liderança masculina apenas 19,3%. Da mesma forma, o número de mulheres com um único filho supera o de homens: 42,7% e 28,9%, respectivamente. Os estudiosos concluem que mulheres executivas estão exauridas com a excessiva responsabilidade de cumprir múltiplas funções pelo fato de serem mulheres, mães e profissionais.

> MULHERES EXECUTIVAS ESTÃO EXAURIDAS COM A EXCESSIVA RESPONSABILIDADE DE CUMPRIR MÚLTIPLAS FUNÇÕES PELO FATO DE SEREM MULHERES, MÃES E PROFISSIONAIS

Na mesma direção, a pesquisadora Maria Cristina Bruschini analisou as estatísticas relacionadas à força de trabalho e gênero e observou que, nos últimos 10 a 15 anos, trabalhadoras brasileiras alcançaram alguns avanços, apesar de várias condições adversas terem persistido. Destacou duas que as levavam a um caminho mais difícil para administrar a carreira em comparação com os homens. A primeira: o fato de permanecerem restritas a setores, ocupações e áreas de trabalho tradicionalmente femininas, como serviços, administração pública e serviço social. Além disso, continuavam carregando sozinhas o peso da responsabilidade de cuidar da casa, criar os filhos e tomar conta de familiares.

Vale destacar que a maternidade aparece na maioria das análises conduzidas por estudiosos brasileiros como um grande dificultador do equilíbrio trabalho/vida pessoal. E, embora os 120 dias de licença-maternidade favoreçam a relação entre o bebê e a mãe, é argumento comum em pesquisas como fator que desfavorece o sucesso feminino, por colocar a mulher em desvantagem quanto à dedicação na empresa em comparação ao profissional pai. Ele tinha cinco dias de licença-paternidade, até que uma lei federal sancionada em março de 2016 ampliou o benefício para 20 dias, marcando algum avanço e alento para uma participação mais ativa da figura masculina no núcleo familiar.

Cristina Bruschini e Andrea Puppin identificam viés de machismo brasileiro na discriminação ao deixar de contratar e promover trabalhadoras por causa da licença-maternidade, da dificuldade de trabalhar até tarde e da aparente resistência a viajar. Como consequência disso, as pesquisadoras observaram ter mais chances de sucesso quem demonstra dispor de quase todo o tempo e energia para trabalhar, sendo homem ou mulher. Quem não aceita, tende a pensar como esta entrevistada na pesquisa de Bruschini e Puppin: "Um cargo de média-administração permite que eu equilibre minhas funções pessoais e profissionais. Se tivesse um cargo mais alto, isso não seria possível".

> AS PESQUISADORAS OBSERVARAM TER MAIS CHANCES DE SUCESSO QUEM DEMONSTRA DISPOR DE QUASE TODO O TEMPO E ENERGIA PARA TRABALHAR, SENDO HOMEM OU MULHER

A pergunta que não quero calar: até que ponto essas e outras dificuldades empurram as brasileiras a desistir de perseguir o sucesso individual? Essa pergunta me lembra de um estudo que nossa empresa fez para a Endeavor sobre as motivações para empreender.

Dos seis perfis que detectamos, em dois vimos mais mulheres do que homens. O perfil "Meu Jeito" mostra claramente o desejo de ditar as próprias regras de trabalho e gerir sua agenda com alguma flexibilidade, coisas que não conseguem como funcionárias. Já o perfil "Situacionista" abrange aquelas que tomam tal decisão devido a alguma situação, como a maternidade ou a necessidade de cuidar dos pais. Ou seja, não necessariamente tinham vocação empreendedora, mas tornaram-se empreendedoras.

REDEFININDO O SUCESSO
Desafiando a proposição de Sandberg, o que essas trabalhadoras estão fazendo é redefinir o sucesso. Não me surpreende que quase metade das executivas listadas no ranking da revista norte-a-

mericana *Fortune* como as mais importantes tenha "abandonado o barco", conforme observou a jornalista Lisa Belkin.

O desafio de equilibrar as ambições profissionais com as demandas pessoais é confirmado num estudo com executivas de classe média do Rio de Janeiro. A coordenadora Maria Lucia Rocha Coutinho defende que as responsabilidades duplas estão cobrando um alto preço para ambos os lados da balança. O status tradicional de maternidade, ainda muito presente no Brasil, coloca somente nos ombros femininos a função de cuidar dos filhos. O número de horas dedicadas às tarefas "do lar" é muito limitador para as mulheres e algumas vezes as leva a repensar as aspirações de ser muito bem-sucedida na carreira. A solução, acredita Coutinho, passa fortemente pela decisão de querer ou não se tornar mãe.

Testemunhos coletados da pesquisa de Bruschini e Puppin também tornam claro, no Brasil, o conflito *lean in/opt out*. Um alto gerente de uma empresa petrolífera defende que o sucesso das mulheres depende de adotar a postura proposta por Sandberg: "Mulheres são muito passivas, elas não se esforçam para o sucesso. Sempre lutei pelos meus objetivos, mas a maioria das minhas colegas da faculdade preferiu o caminho mais confortável do serviço público".

Essa declaração recebeu o endosso de uma mulher que faz carreira num banco: "Para provar o seu valor, as mulheres têm de ser duras, impor sua opinião, expressar suas ideias. E, sobretudo, demonstrar que a vida pessoal não afeta seu desempenho no trabalho. Dar ordens, ser respeitada, não chorar – afinal, tradições masculinas estão enraizadas na cultura corporativa".

Na direção oposta, uma executiva reconhece como é difícil para a mulher se dedicar totalmente à carreira: "Nós, mulheres, estamos sempre em desvantagem no mercado porque trabalhamos mais horas se considerarmos todas as funções juntas, no emprego e em casa". Outra entrevistada sugere que, para vencer num ambiente machista, "a mulher não precisa agir como um homem. No entanto, aquelas que atingem o topo já têm uma personalidade adequada às demandas corporativas. Não se pode mudar a cultura corporativa: você se adapta ou sai".

A jornalista Ana Paula Padrão, que desenvolve vários projetos focados em questões femininas, como a Escola de Você (videoaulas) e o *Tempo de Mulher* (portal de notícias), e hoje diretora de redação da revista *Claudia*, vê com suspeitas as orientações de Sheryl Sandberg, apesar de seu livro ter sido um best-seller no Brasil. Em sua opinião, a autora peca ao colocar a culpa exclusivamente no ombro das mulheres, como se a falta de ambição fosse o principal motivo por trás da ausência das mulheres nos cargos mais altos. Padrão defende que também é hora de mudar os ambientes corporativos, o que exige uma participação mais assertiva dos homens na direção da equidade de gêneros.

A jornalista Lola Aranovich, professora do Departamento de Letras Estrangeiras da Universidade Federal do Ceará, escreveu em textos postados em seu blog *Escreva Lola Escreva* que também acredita que não falta confiança às mulheres executivas, como Sandberg diz. No entanto, ressalta que elas sofrem com a falta de apoio da sociedade em geral para conciliar carreira e vida pessoal, especialmente após a maternidade. A maioria das empresas baseadas no Brasil não oferece a devida assistência aos filhos pequenos de suas funcionárias, tampouco o Estado faz a sua parte.

Consequentemente, Aranovich alerta, "as mulheres estão sozinhas, abandonadas ao próprio destino". A professora também culpa o número de horas dedicadas ao trabalho doméstico, que continua altamente associado a "obrigação" feminina. Na última década, de acordo com a blogueira, os homens aumentaram apenas em oito minutos o tempo dedicado ao trabalho doméstico.

Isso significa que, apesar de a presença feminina na força de trabalho ser significativa, o ônus da jornada dupla é muito mais intenso de seu lado.

Mesmo assim, para muitas profissionais brasileiras, o manifesto de Sandberg soa familiar e, mais do que isso, inspirador. Por exemplo, o blog Empreendedorismo Rosa, com mais de 1 milhão e meio de acessos nos últimos anos, replicou o programa "Lean In Circle", baseado nas experiências da vice-presidente operacional do Facebook. O jornal *Valor Econômico* (de 8 de março de 2013) revelou o resultado de uma pesquisa indicando as dez melhores gestoras do país, com depoimentos de profissionais que chegaram ao ápice da carreira enfrentando suas hesitações e pisando fundo independentemente de todos os sacrifícios e desafios que tiveram de superar.

Uma delas relatou que trocou as sapatilhas de balé pelas planilhas, foi expatriada e precisou morar por um tempo longe do marido (empresário no Brasil), entre outros desafios que abraçou para chegar ao topo da multinacional de produtos de consumo onde trabalhou por 15 anos. O segredo do sucesso, para ela, inclui ficar em paz com as escolhas que faz, entender as limitações que estas trazem e assumir riscos para aprender a língua dos negócios, usando a própria história para provar o que diz.

O QUE ACONTECERÁ COM A PRÓXIMA GERAÇÃO
Quantas informações, reportagens, pesquisas foram construídas com base nas experiências de mulheres que já estabeleceram uma carreira e, em sua maioria, uma família! Isso só me instigou a querer olhar para as escolhas das futuras gerações. As universitárias, de perfis diversos em termos de raça, classe social e orientação sexual, que estão iniciando a carreira escolhida agora, querem *lean in*, movendo-se rápido, trabalhando mais e focadas nisso? Ou elas irão *opt out*, sentindo que o preço de ser uma profissional bem-sucedida é sacrificante demais?

Para alcançar as respostas que desejava, fiz nove entrevistas individuais em profundidade usando a técnica ZMET™, que descrevo em detalhes no apêndice, com um segmento específico da população brasileira: mulheres universitárias de 20 a 22 anos. Concentrei meu trabalho de campo em São Paulo por ser a maior cidade do Brasil, onde a maioria das empresas e universidades está sediada.

Selecionei alunas dos cursos de Administração, Comunicação, Direito e Engenharia. A razão? Quem opta por essas áreas tende a ser funcionária em empresas de terceiros, visando fazer carreira corporativa ou, ao menos, ganhar experiência e currículo nelas nos primeiros anos de profissão. E a dualidade *lean in/opt out* é mais evidente entre essas pessoas do que entre autônomas, que são mais donas de seu tempo.

De acordo com a amostra de mulheres que alcançaram o topo das carreiras corporativas, verifiquei ser mais frequente as vindas das universidades classificadas como as melhores de São Paulo em cada área, segundo o ranking publicado no jornal *Folha de S. Paulo*. Por fim, incluí representantes de diferentes perfis com relação à raça e orientação sexual, o que me permitiu ter um entendimento mais amplo das expectativas de equilibrismo futuro.

Outra fonte de recrutamento foi minha própria rede pessoal. Não entrevistei pessoas de minha relação pessoal direta, mas usei a técnica de amostragem da bola de neve[2] para chegar à população que precisava entrevistar, sempre controlando a diversidade da minha amostra. Ou seja, não conhecia nenhuma delas até então. Também contei com o apoio da SEAP, empresa do segmento de pesquisas, que me ajudou a localizar essas jovens.

2. *O entrevistador estabelece contato inicial com pessoas do perfil que pretende estudar. Elas o colocam em contato com outras desse grupo e assim sucessivamente até chegar àquelas que aceitam participar no estudo.*

Concluí satisfatoriamente as entrevistas com as nove universitárias entre 19 de dezembro de 2014 e 4 de fevereiro de 2015, período de férias do mestrado. Nós nos encontramos em locais variados: na casa da participante, nas universidades ou num local próprio para pesquisa, onde conversamos por quase duas horas. A seguir faço uma apresentação inicial da minha amostra. Substituí os nomes reais por pseudônimos para preservar a confidencialidade de cada entrevistada.

Maria, 21 anos, heterossexual, branca, cursa direito na Universidade Mackenzie. Mora no bairro da Pompeia com a irmã mais velha e os pais, mas explicou que "eles não formam mais um casal". Não estão oficialmente divorciados, mas também não vivem mais como companheiros. A mãe está aposentada, mas atuou na área de administração hospitalar; o pai é profissional da área de sistemas de informação. O sonho de Maria é se tornar detetive criminal, seguindo a carreira no serviço público. Ela se sente atraída a "descobrir coisas por trás dos fatos". Além disso, a estabilidade do serviço público a seduz.

Bárbara, 22 anos, heterossexual, negra, estuda administração na Universidade de São Paulo (USP). Mora com os pais e um irmão caçula no bairro da Mooca. Seu pai trabalha no setor de logística numa grande empresa e sua mãe foi secretária, até que largou o emprego quando Bárbara nasceu. Bárbara foi aluna de escola pública e ingressou na universidade pública estadual à custa de muito estudo, reforçado por uma bolsa ganha num programa preparatório para o vestibular durante o ensino médio. Ingressou na segunda tentativa. Vê-se trabalhando numa grande empresa, na área de marketing digital.

Verônica, 21 anos, heterossexual, branca, estuda Administração na Pontifícia Universidade Católica de São Paulo (PUC-SP) e Cosmetologia no Senac. Filha única de um casal divorciado, mora com a mãe num bairro de classe média da cidade. Chegou a ser recepcionista num SPA urbano, mas largou por causa da extensa carga horária: "Eu tinha que trabalhar até aos domingos". Ela começou cursando Cosmetologia e decidiu se matricular também em administração visando ter seu próprio negócio no futuro.

Andréa, 21 anos, heterossexual, branca, cursa engenharia na Universidade de São Paulo (USP). Vive com os pais (ambos psicólogos; a mãe é profissional de RH e o pai atua com grafologia) num bairro de classe média próximo à universidade. Estudou por dois anos para ingressar na USP e se orgulha muito de ver seus esforços recompensados. Seu plano profissional? Quer ser pesquisadora na área de química.

Isabel, 22 anos, heterossexual, branca, é estudante de Direito na Universidade Mackenzie. Ela vem de uma família de advogados, sendo que a maioria trabalha no setor público. Quer seguir a tradição da família como diplomata. Isabel vive num bairro de classe alta nos arredores da cidade, juntamente com seus pais. Apesar de ambos serem advogados, só o pai trabalha fora de casa. Sua mãe largou o emprego após Isabel nascer.

Carla, 21 anos, homossexual, branca, é estudante de Comunicação na Fundação Armando Alvares Penteado (FAAP). Vive num bairro de classe média alta com sua avó e irmã. E trabalha em horário parcial editando filmes num museu da cidade. Seu pai é dono de uma empresa do setor de comunicação, sua mãe é psicóloga e professora de ioga. São divorciados. Como plano profissional, almeja trabalhar na área de cinema em algo relacionado ao set de filmagem.

Rachel, 22 anos, heterossexual, branca, é estudante de Arquitetura da Universidade Mackenzie. Mora com seus pais e uma irmã no mesmo bairro que Isabel. Sua mãe é professora e seu pai vende peças automotivas em uma loja própria. Rachel cumpre meio expediente numa empresa pequena de Engenharia. Apesar de gostar, planeja procurar outro emprego, provavelmente num escritório maior onde possa participar de projetos mais "desafiadores".

Lúcia, 21 anos, homossexual, branca, estuda comunicação na Universidade Anhembi Morumbi. Nasceu no litoral paulista e mudou-se para a capital com 14 anos, a fim de receber uma educação melhor. Vive com o pai e a irmã num bairro de classe média. Lúcia descreve a história de vida seus pais como difícil, pois trabalhavam em turnos extras para sustentar a família, um destino que deseja evitar em sua vida. A mãe atua na parte administrativa dos portos e o pai, com vendas de alimentos.

Nádia, 20 anos, heterossexual, negra, é aluna do curso de Comunicação da Pontifícia Universidade Católica de São Paulo (PUC-SP). Vive com sua avó (que a criou), sua mãe e seu padrasto um bairro de classe média baixa. Quanto a seu pai, ela menciona que está preso e que não o vê. Nádia também é bailarina profissional. Sonha em, ao se formar em Jornalismo, atuar na TV Cultura. Acredita que lá terá um papel mais protagonista para mudanças sociais.

Conforme o sistema de classificação econômica e social dos brasileiros, todas essas moças poderiam ser identificadas como pertencentes às classes A e B, um segmento que soma 38% da população da grande São Paulo, onde meu trabalho de campo foi realizado. Outras semelhanças são que todas, exceto uma, ainda vivem com suas famílias e na mesma cidade em que nasceram – diferentemente do padrão americano.

Não é de estranhar se pensarmos que, de acordo com o Instituto de Pesquisa Econômica Aplicada (IPEA), 61,7% da população brasileira de 18 a 29 anos ainda mora com os pais. Na avaliação de Sarah Silva Telles, professora de Sociologia da PUC-Rio, prevalece "uma cultura de proteger a família, que é dominante na raiz latina". As famílias brasileiras querem se manter unidas, e a saída dos filhos de casa é entendida até como rejeição aos pais.

Considerando essa característica, tentei nas entrevistas reconstruir o histórico pessoal e profissional dos pais das universitárias. Minha intenção com isso foi analisar em que grau seus desejos futuros estão ancorados nas experiências deles. Explorei as principais expectativas delas relacionadas a à carreira, dinheiro, filhos, moradia, casamento... Sondei os mais variados tópicos referentes à vida atual e futura, mergulhando nos desafios e ambições. Foi curioso constatar, por exemplo, que as jovens fizeram muito mais menções à figura materna do que à paterna, e um dos motivos tem a ver com a importância do tema maternidade na análise que fizeram sobre as escolhas de sua mãe e as que elas próprias querem fazer.

AS JOVENS FIZERAM MUITO MAIS MENÇÕES À FIGURA MATERNA DO QUE À PATERNA, E UM DOS MOTIVOS TEM A VER COM A IMPORTÂNCIA DO TEMA MATERNIDADE NA ANÁLISE QUE FIZERAM SOBRE AS ESCOLHAS DE SUA MÃE E AS QUE ELAS PRÓPRIAS QUEREM FAZER

Adianto que foi muito rico fazer essa pesquisa com as universitárias, pois sempre aprendo muito todas as vezes em que tenho oportunidade de conversar com pessoas e entender o mundo a partir do olhar delas. Além disso, me agregou ter esse novo olhar sobre trabalhos que venho desenvolvendo a respeito das mulheres. Colocar uma lupa num segmento de garotas de 20 a 22 anos para mim era novidade.

Não diria que me surpreendeu, mas me chamou a atenção que todas tenham começado suas falas e feito a escolha das imagens, que é uma das atividades solicitadas da técnica ZMET™, pelo assunto trabalho. Eu não anteciparia isso, mas agora sei que tinham razões fortes para isso após escutar o discurso delas. Perceber quanto o desenvolvimento de uma carreira está em seus horizontes, quanto podem controlar, quanto vem à frente da escolha de um parceiro ou da maternidade foi rico para elas também.

Curioso que isso não significa que queiram mergulhar de cabeça em suas carreiras. Fazendo analogia com uma piscina, é como se essa geração quisesse muitas coisas. Porém, tomará sua decisão de entrar ou não avaliando qual é a profundidade, se a água está fria ou quente demais, com quem vai dividir a raia.

Talvez elas próprias não tivessem isso tão claro até eu chamá-las para as entrevistas. Tanto que cada uma, a seu modo, me agradeceu pela oportunidade de pensar sobre tudo o que almejam para o seu futuro. Afinal, sem uma motivação, dificilmente alguém para tudo e fica pensando em como será sua vida daqui a dez anos! Elas se diziam entusiasmadas com esse exercício ou sentindo-se despertadas a direcionar melhor o caminho para não trombarem lá na frente com algo que não desejam para si.

Falando francamente, eu as forcei a planejar algumas coisas, a traçar seus projetos de vida, que são mais amplos do que só de carreira. Senti bastante abertura, uma enorme vontade de trocar, falar, contar, questionar, refletir. Quando acabavam as quase duas horas de conversa, eu ouvia "passou muito rápido", "foi muito bom".

CAPÍTULO 3
DESEJOS E PRIORIDADES NA MATEMÁTICA DA VIDA

As entrevistas com as universitárias me fizeram pensar num conceito que se fala muito atualmente, sem palavra equivalente na língua portuguesa, chamado *accountability*. Esse termo foi importado do mundo da administração pública para o das empresas e cai bem na vida pessoal também. É mais uma nomenclatura exclusiva do mundo dos escritórios que cruza a fronteira do coletivo para o individual. Tem a ver com agir com responsabilidade e fazer as contas para ver se o seu esforço está valendo a pena, se está trazendo (ou trará) os resultados desejados. E ficou claro nas respostas à minha pesquisa que essas jovens estão se responsabilizando por seu futuro e, portanto, colocando na balança o custo-benefício de cada ação que planejam.

> **FICOU CLARO QUE ESSAS JOVENS ESTÃO SE RESPONSABILIZANDO POR SEU FUTURO E, PORTANTO, COLOCANDO NA BALANÇA O CUSTO-BENEFÍCIO DE CADA AÇÃO QUE PLANEJAM**

Assim como no mundo dos negócios, onde o termo nasceu, essa "matemática da vida" está muito presente na definição de qual caminho elas decidirão tomar. E não dá para falar de *accountability* sem falar de valores. Essas moças têm quase impregnado em seu DNA um conjunto deles, que consideram caros, valiosos, como o direito à liberdade de escolha. Então, perguntam-se do que topam abrir mão (ou não) em função de seu projeto de felicidade com uma autonomia que, acredite, as gerações passadas não tinham.

Não é que esteja fácil fazer valer seus desejos e prioridades. A pergunta que fica para cada uma é: "Como vou organizar as peças do que eu quero para que a conta feche?". E isso interfere principalmente na escolha da carreira. Ouvi de uma mãe que procurou ajudar sua filha a escolher a profissão lançando perguntas como: você se imagina trabalhando num grande escritório ou viajando? Liderando equipes ou cuidando da natureza? Com mais flexibilidade de horas ou num esquema mais fechado? Essa sondagem tem muito de *accountability*. Em outras palavras, o que essa mãe está perguntando é: diante de seus valores, de seu projeto de vida, o que você escolhe?

Claro, ninguém está dizendo que é para esquecer o aspecto da vocação, que foi nossa bússola por tanto tempo. Quantos de nós fizemos testes vocacionais? Mas é como se a realidade atual, desse mundo mais complexo em que vivemos, tivesse acrescentado outros ingredientes importantes a essa equação da decisão de futuro.

AS UNIVERSITÁRIAS SABEM QUE NÃO BASTA SELECIONAR E RELATIVIZAR O QUE QUEREM. ELAS PRECISAM ANALISAR O QUE ACEITAM PERDER NUMA PONTA PARA GANHAR NA OUTRA

As universitárias já sabem que não basta selecionar e relativizar somente o que querem. Elas precisam analisar num sentido mais amplo o que aceitam perder numa ponta para ganhar na outra. Sim, porque toda escolha tem um preço – e eu percebi maior consciência em relação às gerações passadas sobre isso. Talvez porque, anteriormente, a rota já estava determinada às mulheres, que só deveriam cumprir seus papéis predefinidos de esposa, mãe e do lar. Então, não tinham muito que pensar e nem escolher. A partir do momento em que começam a questionar, têm de fazer os próprios balanços.

IMPORTANDO OS DISCURSOS *LEAN IN/OPT OUT*

Essa faixa etária em que foquei minha pesquisa encontra-se num estágio de vida em que a maturidade está em curso e as responsabilidades profissionais e familiares são projetos. A maioria delas ainda não enfrentou a dualidade *lean in/opt out*. Todavia, esse debate permeia os discursos ao redor delas; assim como presenciam outras tantas mulheres enfrentando os dilemas característicos da busca por um equilíbrio possível entre trabalho e vida pessoal. Minha intenção foi explorar as expectativas e planos, os pensamentos e sentimentos relacionados a esse contexto e como tudo isso se transforma em perspectivas que norteiam suas futuras ambições.

Sheryl Sandberg também teve essa curiosidade e lançou nos Estados Unidos (2014) uma nova versão de seu best-seller, dessa vez voltado a recém-formados. *Lean In for Graduates* atingiu uma audiência perto daquela que investiguei na minha pesquisa. Seu novo movimento teve a intenção de disseminar a mensagem *lean in* para um público-alvo de leitores que havia ficado de fora de seu primeiro livro. Realmente Sandberg procurou trazer uma perspectiva mais globalizada, incluindo pontos de vista de mulheres negras, adicionando textos de outros autores e falando com a geração mais nova, conforme explicado no site de nome homônimo de sua filosofia de trabalho:

> Sheryl contou com a ajuda de especialistas para escrever *Lean in for Graduates*, que dá instruções e inspirações para a próxima geração. O livro traz o texto completo do best-seller original, assim como novos capítulos sobre encontrar o primeiro emprego, negociar salário, ouvir sua voz interior e como mulheres negras e homens jovens podem ter uma atitude *lean in*. Também inclui histórias de jovens do mundo todo que superaram seus medos e alcançaram suas metas.

Embora esse livro de Sandberg voltado a graduados reforce que o caminho das mulheres para o sucesso é a atitude *lean in*, algumas organizações e autores não estão tão certos de que combine com os ideais da nova geração. A American Association of University Women, por exemplo, publicou em seu site o artigo de uma mulher de 30 anos, Jennifer Perdomo, em que ela compartilha suas aspirações. O principal argumento é que, para "termos tudo", a sociedade deve rever não só as decisões das mulheres, mas também as dos homens. Nas palavras dela: "...eu aguardo ansiosamente pelo dia em que o equilíbrio trabalho/vida será percebido como uma questão independente do gênero, quando os quadros de funcionários das corporações não serão construídos a partir das vontades e necessidades do modelo masculino; e quando a minha ambição de ter tudo isso não for colocada sobre os meus ombros apenas".

Anne Machung, coautora do livro *The Second Shift: Working Families and the Revolution at Home* (em tradução livre, "O segundo turno: pais que trabalham e a revolução dentro de casa"), também conduziu um estudo entre os estudantes da University of California, em Berkeley, sobre suas expectativas de futuro em termos de trabalho e família. Comparando garotos e garotas, ela observou que os rapazes tinham uma forte determinação de ter uma carreira e crescer nela independentemente de sua dedicação à família, enquanto as moças eram menos claras sobre o que queriam. Elas esperavam desenvolver uma carreira, mas também consideravam largá-la quando tivessem filhos.

Esse não é um estudo recente, mas aponta para uma maior tendência de as jovens seguirem a revolução de Stone do que o manifesto de Sandberg. Em 2011, realizei uma pesquisa para meu segundo livro, *Aprendiz de Equilibrista*, com brasileiros de 8 a 18 anos. Quando perguntei às participantes femininas quem seria um modelo de mulher "antenada" com o futuro, a eleita foi Angelina Jolie, por demonstrar conciliar bem sua vida profissional com seis filhos. E quando perguntei sobre como se enxergavam lá na frente, os dois gêneros se imaginaram como pais e mães trabalhadores. Nenhuma das garotas pensava em ser dona de casa e não seguir uma carreira. Tampouco elas previam suas aspirações muito claramente.

Em comparação à rotina corrida de seus pais, todos responderam buscar uma vida mais equilibrada, rejeitando tanto o polo *lean in* quanto o *opt out*. Lembro de uma garota de 17 anos ter dito, durante uma sessão da pesquisa em grupo: "Quero ser diferente dos meus pais. Quero ter mais tempo para ficar com meus filhos e melhor qualidade de vida".

Vale dizer que um estudo americano com a Geração Y, lançado no final de 2013 pelo Pew Research Center, observou que 59% das moças e 19% dos rapazes creem que ter um filho dificulta avançar num emprego ou carreira. Também mostrou que 39% delas rejeitaram um cargo de liderança contra 30% deles. Podemos interpretar que estão antecipando os desafios da paternidade e da maternidade? Será que mais na frente estarão presos na dualidade *lean in/opt out*, como viram ocorrer principalmente com suas mães e irmãs mais velhas?

> EM COMPARAÇÃO À ROTINA CORRIDA DE SEUS PAIS, TODOS RESPONDERAM BUSCAR UMA VIDA MAIS EQUILIBRADA, REJEITANDO TANTO O POLO *LEAN IN* QUANTO O *OPT OUT*.

SE PARECE PRISÃO, NÃO SERVE

Os dilemas e divergências provocados pela desigualdade entre os gêneros no trabalho são intensificados pela forma como as organizações os distribuem nos cargos, mas também pela definição das expectativas que têm de seus funcionários. Por exemplo, para ter sucesso no Facebook, conforme a narrativa de Sheryl, todos deveriam seguir o lema "Seja arrojado, mova-se rápido e quebre coisas". Quem não priorizasse a criação de novos produtos e serviços tinha chances mínimas de subir a escada corporativa. Ou pisava fundo ou "pedia para sair", era *lean in* ou *opt out*.

Outro dia, ouvi de uma jovem profissional que na empresa onde trabalhava o lema era "there is no finish line", ou seja, nenhum trabalho tem fim ou está bom o suficiente para ser considerado pronto. Isso gerava nos funcionários horas insanas de trabalho. Nem preciso continuar a contar: essa moça, não por falta de vontade, mas por falta de apreço a tal modelo, largou seu promissor emprego. Imagine a pressão!

Há, porém, mudança à vista nas regras do jogo. O próprio Mark Zuckerberg, demostrando preocupação em gerenciar com cuidado o futuro para equilibrar melhor lucro e relacionamentos fortes com desenvolvedores e parceiros que dependem de sua rede social, apresentou em 2014 seu novo mantra: "Mova-se rápido com uma estrutura estável". A reação do CEO, depois de dez anos de sucesso e chegando aos 30 de idade, faz sentido. É que muitas pessoas refletem mais sobre o futuro logo após a transição da juventude para a fase adulta.

HÁ UM DESEJO ENORME POR LIBERDADE, PALAVRA MARCANTE NO RESULTADO DA MINHA PESQUISA E QUE ESTÁ MUITO ASSOCIADA A OUTRA IGUALMENTE FORTE: ESCOLHAS

Será que isso já era um prenúncio de que Mark seria pai nesse mesmo ano e por isso começava a revisitar suas prioridades? Estaria ele também fazendo sua *accountability*? Sua explicação para o novo lema foi esta: "Pode não soar da mesma forma nem ser tão marcante, mas nos ajuda a construir experiências melhores para todos a quem servimos e reflete a maneira como operamos agora". Esta postura, digamos, mais cautelosa está de acordo com as universitárias quando o que está em jogo é a vida delas, sua sustentabilidade, sua felicidade. Por isso, gostaria de poder dizer à Machung que talvez o que ela interpretou como falta de clareza expresse, no fundo, essa cautela, essa busca por experiências melhores do que tiveram a mãe e companhia. Há um questionamento saudável que as moças estão fazendo sobre o que pensam perder e ganhar, como tratei no início deste capítulo.

O que elas tentam nos dizer é que não desejam nada que as limite, ou seja, rejeitam tudo que represente algum tipo de aprisionamento: a uma ideia, a uma pessoa, a um emprego, a um objetivo, a um lugar, a um lema que as obriga a agir "quebrando coisas". Tanto que eu incluí na minha dissertação, a partir das narrativas que ouvi, uma série de metáforas que revelam esse sentimento, como ser trancada numa jaula, sentir-se marionete, estar se afogando, ficar sem ar, viver dentro de uma bolha.

E como fica o equilibrismo? Não é que essas jovens mulheres rejeitem ter múltiplos pratinhos em sua vida. No entanto, se a mãe e a professora preferida tentavam girar todos com igual importância e intensidade, as universitárias desejam fazer diferente. E o que elas me disseram combina com o que escuto bastante de outras jovens em diversos níveis de carreira, inclusive as que trabalham comigo, além das que eu encontro socialmente, como filhas de amigos e minha própria filha.

Na minha empresa, diria que metade do quadro tem menos de 30 anos e que 80% são mulheres. Portanto, a predominância é feminina. O que eu ouço dessas jovens: elas olham muito para a minha geração, que é também a da mãe delas, tentando entender onde acertamos, onde erramos, para balizar o caminho ideal delas. Não vão fazer *tudo* diferente ou *tudo* igual. Apenas tentam compreender quais são as possibilidades atuais e vão calibrando suas expectativas e perspectivas conforme o que já sabem que não querem.

E o que elas querem, então? Adianto que é uma vida muito mais orgânica, aberta, com um leque maior de possibilidades. Conforme vou aprofundar no próximo capítulo, há um desejo enorme por liberdade, palavra marcante no resultado da minha pesquisa e que está muito associada a outra igualmente forte: escolhas. A lógica neoliberal, baseada nas decisões individuais, dá o contorno a esse desejo de florescer as vontades internas. Prova disso é que elas priorizam o direito à mobilidade e à flexibilidade em contraponto à rigidez de ideias e dos dogmas culturais. O ir e vir, o livre trânsito, a opção X ou Y, ou ainda X+Y. Tudo isso ganha valor.

Mais uma vez, os conceitos *lean in* e *opt out* não traduzem esse sentido, por serem atitudes extremas, limitantes. Entrevistando minha amostra da pesquisa, conversando com a minha filha e com as amigas dela, discutindo a questão do equilibrismo contemporâneo nos vários eventos que frequento e nas conversas em geral, ficou claro que essas jovens desejam trabalhar. Todas. Tanto que é pela carreira que começam a contar suas histórias. Uma delas, por exemplo, declarou querer trabalhar com perícia policial, então assistia a seriados como o americano *CSI Investigação Criminal* e sabia o passo a passo para chegar a essa atividade, revelando um planejamento nesse território profissional.

Isso quer dizer que vão apostar todas as fichas na carreira? Não. Também manifestam a vontade de ter relacionamentos dentro dos vários modelos afetivos existentes, sem necessariamente seguir o script tradicional de casar e procriar (de acordo com uma relação heteronormativa). Aliás, talvez o conceito mais adequado hoje seja o de viver relacionamentos afetivos, em comparação ao mais clássico, o de formar uma família. Afinal, há atualmente uma pluralidade de possibilidades: podem ter filhos ou não, morar sob o mesmo teto com a pessoa amada ou não, ser mãe sem ser casada com o pai da criança, ter uma relação hetero ou homoafetiva, entre muitos outros modelos.

Também é uma mulher que deseja estar em paz com seu corpo, em dia com o que ela considera bonito. Que deseja também fazer o bem, agregando ao seu "eu individual" uma responsabilidade social, expressa nesse olhar de querer ser útil para o futuro da sociedade e do planeta. Ter um propósito e trabalhar com algo que alimente esse propósito ganha força. Certamente não era assim há alguns anos.

E quem garante que será tudo assim?
Eu estava ciente dos desafios de estudar expectativas relacionadas a comportamentos futuros, pois as respostas atuais das

entrevistadas não poderiam garantir esse compromisso. Entretanto, segui o raciocínio defendido por Marianne A. Ferber e Lauren Young, que também pesquisaram uma população de estudantes de universidades americanas sobre seus planos futuros para equilibrar família e carreira: "Perguntamos aos estudantes sobre suas atitudes e expectativas, não porque são passíveis de coincidir inteiramente com seu comportamento real, mas porque a evidência de pesquisa anterior sugere que atitudes influenciam o comportamento ao longo do tempo".

> QUANDO PROJETAMOS DETERMINADOS DESEJOS E PRIORIDADES, VIA DE REGRA VAMOS DIRECIONANDO NOSSAS AÇÕES PARA CONCRETIZÁ-LOS.

Sem dúvida, não podemos garantir que tudo o que as universitárias falam em entrevistas vai, de fato, ocorrer. Mas a fala delas expressa um conjunto de intenções. E, se pensamos que vivemos o presente a partir dessas intenções, de certa forma dão ótimas pistas. Numa dissertação, a cautela com afirmações tem de ser gigante. Mas aqui nessas páginas, em que posso colocar com mais liberdade minhas percepções, digo que, sim, o conteúdo das respostas está no horizonte das escolhas que elas pretendem fazer.

Na elaboração que elas fazem do futuro, mesmo sendo por enquanto uma espécie de carta de intenções, há uma chance grande de que isso se materialize. Conosco não é diferente. Quando projetamos determinados desejos e prioridades, via de regra vamos direcionando nossas ações para concretizá-los. Funciona assim com a escolha da carreira, com aquilo que resolvemos estudar. É assim com o amor, quando nossa mente trabalha mais rápido que os primeiros encontros ao ponto de nos imaginarmos casados. Por isso, vamos deixando claro, às vezes com linguagem não verbal, que "as regras desse relacionamento são essas". Tipo não viajar sem ao menos avisar o outro. Isso porque, se não definimos o que almejamos no futuro e nos casamos com um cara "cuca fresca", que sai e some do mapa, não vamos conseguir mudá-lo depois de dez anos. Quem tem essa ilusão projetou a união de modo falho, concorda?

É pertinente comentar ainda que estou usando o termo "trabalho" para me referir ao remunerado, mas sem qualquer conotação de desvalorização do não remunerado, chamado de doméstico. Reconheço que cuidar da roupa, dos filhos, cozinhar, tirar o pó debaixo da cama etc. são atividades valiosas socialmente e desafiadoras. Porém, minha pesquisa focou nas intenções de mulheres que visam ter trabalho remunerado, geralmente fora de casa, para poder analisar a dualidade *lean in/opt out*.

AS MULHERES, ASSIM COMO CALEIDOSCÓPIOS, ESTÃO INTERLIGADAS; E QUE CADA ATITUDE QUE TOMAM TEM UM EFEITO PROFUNDO À SUA VOLTA.

Minha análise explorou as possibilidades de essas mulheres jovens anteciparem seu futuro profissional e pessoal. Como Anita Harris defendeu na abertura de seu livro *Future Girl: Young Women in the Twenty-First Century* (em tradução livre, "Menina-futuro: mulheres jovens no século 21"), eu quis saber como poder, oportunidades e sucesso são modelados pela "menina-futuro".

TUDO É POSSÍVEL COM NOVOS ARRANJOS
Também gosto muito da forma como outras duas estudiosas analisaram o universo feminino, Lisa Mainiero e Sherry Sullivan. Elas desenvolveram um conceito alternativo, do caleidoscópio, que considero uma metáfora perfeita para explicar como as mulheres de hoje lidam com seus desejos e prioridades: "Como um caleidoscópio, que produz padrões em mudança quando o tubo é girado e faz com que suas lascas de vidro caiam em novos arranjos, as mulheres mudam padrões na carreira conforme movimentam aspectos diferentes em sua vida e, assim, reorganizam suas funções e relações de novas maneiras".

Elas concluem esse raciocínio dizendo que as mulheres, assim como caleidoscópios, estão interligadas; e que cada atitude que tomam tem um efeito profundo à sua volta. Portanto, mais especificamente, quando decidem abrir mão das ambições profissionais, praticando o opt out, são avaliadas muito mais pelo impacto que promoverão nos outros do que para si. Ou seja, o resultado do arranjo do caleidoscópio sobre sua família e seu trabalho determinará o que as mulheres farão.

Eu acrescentaria que, orientadas pelos movimentos do caleidoscópio ou não, muitas mulheres trabalhadoras estão se sentindo pressionadas a decidir entre acelerar (*lean in*) e desacelerar *(opt out)* sua busca por sucesso profissional e, para sair disso, acabam ficando com a segunda opção. "Não quero esse tipo de vida", me disse uma mãe cansada da rotina estressante de executiva, explicando sua decisão de deixar o emprego, em meu livro *Vida de Equilibrista*. Como ela, várias contrariam a proposição de Sandberg e pisam no freio a fim de redefinir o significado de sucesso – e as universitárias estão assistindo a esse movimento sem ficar indiferentes. Isso mexe com o "caleidoscópio" delas.

A mídia escancarou essa dualidade quando a jornalista Lisa Belkin observou que quase metade das executivas mais importantes do ranking da revista americana *Fortune* acabou abandonando a carreira posteriormente. Na pesquisa qualitativa que conduzi em 2007 para o meu primeiro livro, 67% das mães trabalhadoras brasileiras declararam pensar em fazer o mesmo. E um estudo lançado em 2014 pelo Pew Research Center mostrou que três em dez mães americanas se assumem como "do lar" e não têm trabalho remunerado, interrompendo uma queda de longo-prazo no número de mães donas de casa. E tem mais: a porcentagem de mães de crianças acima dos 18 que não trabalham fora de casa aumentou na última década de 23%, em 1999, para 29% em 2012.

A ESPECIFICIDADE BRASILEIRA

Como a realidade do meu país é a que mais me interessa, então procurei fazer uma análise global para depois restringir o foco nos desejos e prioridades das brasileiras. E foi também sobre a nossa especificidade que a banca examinadora mais me questionou, quando fiz uma apresentação oral dessa dissertação em abril de 2015. Uma das perguntas marcantes foi sobre quanto essas moças reproduziam ou refutavam o modelo que vinha das mães. Também queriam saber mais informações da história das mães e de que forma isso teria ou não influenciado a decisão que elas estavam planejando para a vida delas.

Como esse comitê examinador se mostrou ávido por saber o que era específico da realidade (e cultura) brasileira, fiz comparativos entre Estados Unidos e Brasil, que apresento neste livro. Qual o comportamento médio da mulher brasileira ao gerenciar seus múltiplos papéis? A banca sempre me "cutucava" a buscar as diferenças, seja por causa da licença-maternidade, seja por causa do machismo ou das características das famílias brasileiras.

No primeiro momento, apresentei cerca de 20 páginas com a proposta do que pretendia investigar e analisar, e a banca foi muito incisiva no pedido de que eu trouxesse o olhar da brasileira e, principalmente, os desejos e prioridades das universitárias e da geração anterior. Foi por isso que destaquei aspectos relevantes e históricos da trajetória feminina nos últimos anos.

Portanto, agreguei os questionamentos da banca para que eu pudesse trazer a realidade das universitárias brasileiras à tona, minha inquietação para pesquisar como as teorias de Sandberg e de Stone são vistas por elas e minha própria experiência de viver presa entre essas duas escolhas para mergulhar na investigação de quais são as possibilidades para a próxima geração de mulheres líderes. Empresas, profissionais, professores, pais, marcas, sociedade vão ter de se relacionar com elas, mas não sabem muito bem como. Recebem recados constantes de que os padrões da geração atual de mulheres executivas não serão reproduzidos. Mas o que virá no lugar?

Para ter essa resposta e outras, concentrei minha pesquisa no seguinte conjunto de perguntas às universitárias brasileiras:

1. Quais são as expectativas que modelam seus planos em relação à carreira e à vida pessoal?
2. Como suas aspirações se relacionam com o caminho *lean in*?
3. Como suas aspirações se relacionam com o caminho *opt out*?
4. Quais desafios e oportunidades enxergam em seu futuro?

Com esse exercício de futurismo, busquei um profundo entendimento de como universitárias brasileiras estão programando sua vida adulta, estejam ou não desconstruindo a dualidade *lean in/ opt out*, e quais ações e decisões já começaram a tomar como forma de plantar os frutos desejados.

Os pais e as escolas ficaram perguntando durante a adolescência inteira delas qual profissão iam seguir. Mas a vida é mais ampla do que a carreira na visão dessas jovens. Como já disse, essas jovens mulheres valorizaram minha iniciativa de fazê-las pensar um pouco mais na felicidade que querem ter num sentido mais amplo, em vez de só priorizar a construção de uma carreira de sucesso. Discutir sobre como pretendem traçar o que chamo de jornada de felicidade foi um excelente exercício.

CAPÍTULO 4
JORNADA DA FELICIDADE

Para identificar como é a jornada de felicidade das universitárias, minha pesquisa caminhou analisando dois tipos de perspectiva: a individual e a coletiva. Do lado individual, fui capaz de entender profundamente como cada um dos assuntos abordados nas entrevistas estava sendo interpretado ou desconstruído, preservando ou rejeitando a dualidade *lean in/opt out*.

As universitárias traçaram um ponto de vista único, específico para sua história e seus sonhos. Mas, ao cruzar as nove perspectivas individuais, aconteceu algo curioso. Foi como se o caleidoscópio de que falei no capítulo anterior mudasse de posição e revelasse outra configuração. Nesse, as expectativas e ambições comuns poderiam ser identificadas na amostra como um todo.

Com esse cruzamento de respostas, pude analisar em quais pontos havia semelhanças e em quais havia diferenças – sempre à luz daquilo que me intrigava desde o início, que era como as teorias de Sheryl Sandberg (*lean in*) e de Pamela Stone (*opt out*) se encaixavam nas escolhas da próxima geração de mulheres líderes no Brasil. Observei como elas projetam se mover entre acelerar ou frear a carreira e o quanto estão criando o próprio espaço ou apenas reforçando padrões das mulheres executivas atuais.

Com as estruturas do *lean in* e do *opt out* em mente, tentei entender se tais teses fazem sentido para as próximas entrantes no mercado de trabalho. E, se não o fazem, o que as universitárias estão antecipando?

Sem usar propriamente os termos de Sandberg e de Stone, sondei as entrevistadas com esta pergunta central: "Esta pesquisa está interessada em entender como você pensa e como se sente sobre suas futuras expectativas relacionadas a trabalho e vida pessoal, pensando nos próximos 10, 15 anos a partir de agora. O que vem à mente quando você pensa sobre sua vida futura?".

> **ASSIM QUE O AFETO É SENTIDO, COLOCA O CORPO EM UM ESTADO DE PRONTIDÃO PARA ALGO QUE PODE VIR A OCORRER, PERMITINDO OU POTENCIALIZANDO AÇÕES FUTURAS**

Enviei a seguinte instrução às nove universitárias selecionadas, uma semana antes da entrevista (conforme detalharei no apêndice deste livro): elas deveriam coletar de quatro a seis imagens que expressassem seus pensamentos e sentimentos com relação à vida pessoal e profissional que almejam ter no futuro próximo. No dia da entrevista, elas me apresentaram a seleção, que usei como ponto de partida para nossa longa conversa. Discutimos e exploramos cada figura para enriquecer o conteúdo da dissertação que compartilho aqui.

MOTIVAÇÃO AFETIVA

Durante as entrevistas, confirmei que continuava válido o meu palpite original de que a dualidade *lean in/opt out* era um eixo pertinente dessa pesquisa. Estava presente no discurso trazido pelas jovens com quem falei, aceitando ou rejeitando. Todavia, elas me mostraram alternativas ao pensarem sobre seu projeto de vida futura. Trocando em miúdos, apontaram para uma direção menos guiada somente por motivações objetivas, racionais e materiais, e mais guiada por uma motivação afetiva, que engloba também intenções, sentimentos, aspectos culturais, retorno em forma de prazer...

Uso esse termo "motivação afetiva" inspirada na Teoria do Afeto, conceituada pela feminista Sara Ahmed. A partir de uma visão sociológica, fundamentada em estudos culturais e de gêneros, essa estudiosa anglo-australiana afirma que as emoções são mais do que estados psicológicos, práticas de fundo social e cultural. Assim que o afeto é sentido, coloca o corpo em um estado de prontidão para algo que pode vir a ocorrer, permitindo ou potencializando ações futuras.

Seguindo esse raciocínio, importa menos como *somos* e muito mais como *agimos* para nos sentirmos felizes, o que fazemos com esse afeto a fim de melhorar a nossa vida. Para Sara, a própria etimologia da palavra "emoção" reforça essa ideia de interpretá-la, como um estado em movimento: afinal, vem da palavra latina *emovere*, que significa se mover, sair.

Analisar por esse ângulo, segundo a estudiosa, nos permite refletir sobre como promessas de felicidade a que somos destinadas conforme nossa cultura e sociedade (ter uma família feliz e um casamento heterossexual, realizar o instinto materno, alcançar status socioeconômico...) nos faz seguir certos caminhos afetivos e nem tentar outros. E isso precisa ser mais questionado para evitar crenças limitantes, infelicidades e frustrações.

A concepção de afeto trazida por Sara ressoava fortemente no que ouvi das universitárias brasileiras. Suas narrativas relacionadas às expectativas em termos de vida pessoal e profissional, ou quando discutiam se querem *lean in* ou *opt out*, deixaram claro que não estão focando sua atenção nessa polaridade. Em vez disso, mostraram-se interessadas em dirigir a própria vida rumo a um sentimento mais fluido, um estado emocional que querem alcançar no futuro. A discussão reside menos em ter de decidir por uma das metas extremas e mais em como criar condições práticas de experimentar um estado "feliz", estado esse que não necessariamente se enquadra nessa polaridade.

POR QUE FALAR DE FELICIDADE
O que eu aprendi com as entrevistadas é que o estado afetivo de "felicidade" representa a linha condutora que orienta suas ações e comportamentos atuais e futuros. A felicidade é como o "pote de ouro", a meta final e também a grande motivação afetiva que universitárias brasileiras procuram para desenhar seus caminhos. Sara se refere à felicidade como envolvendo um tipo específico de

intencionalidade orientado para meta. Se a felicidade for o fim de todos os fins, vários interesses – como relacionamentos, carreira e maternidade – tornam-se meios para alcançar essa promessa.

Pensar sobre a vida futura representa, então, seguir o que chamo de "jornada para a felicidade". Trata-se de definir determinadas ações e metas em nome de uma promessa que ainda está por vir. Afinal, colocar esperanças no futuro é imaginar felicidade como algo que está à frente de nós e deve ser alcançado. É sob essa base que escolhas são feitas, prioridades são estabelecidas e até mesmo decisões relacionadas a *lean in/opt out* são construídas.

Confesso que tal constatação alterou minha ideia inicial de que, para as universitárias, tanto o conceito *lean in* quanto o de *opt out* poderiam ser potenciais metas finais. E passei a querer entender como essa dualidade se adequa a um projeto maior do que acelerar ou frear na carreira. Com isso em mente, mergulhei na discussão a respeito dessa jornada afetiva para a felicidade que guia decisões e ações relacionadas à vida pessoal e profissional.

A MENTE DAS JOVENS MAPEADA

Um dos resultados da minha análise é este mapa mental (veja pág. 78), num formato relacionado à técnica ZMET™ – que descreverei de forma mais técnica no apêndice deste livro. Cheguei nesse mapa a algo parecido com um raio X da mente dessas jovens, trazendo as relações, ideias, expectativas e significados mais profundos em relação à vida pessoal e profissional.

Este mapa mental revela os elementos que estão orientando as universitárias brasileiras, hoje, na jornada que planejam ter para atingir sua promessa de felicidade. Isso porque, como expliquei, essa motivação afetiva é vista como resultado de todas as outras "etapas" que visualizam galgar, como família, trabalho, independência financeira, prazer, liberdade. Nessa concepção, tanto o carro (plano objetivo, coisa) quanto a plenitude (plano subjetivo, sentimento) são percebidos como elementos que constroem e pavimentam o caminho em direção à felicidade.

> PENSAR SOBRE A VIDA FUTURA REPRESENTA, ENTÃO, SEGUIR O QUE CHAMO DE "JORNADA PARA A FELICIDADE". TRATA-SE DE DEFINIR DETERMINADAS AÇÕES E METAS EM NOME DE UMA PROMESSA QUE AINDA ESTÁ POR VIR

Nas palavras de Sara, esses elementos – físicos ou não – recebem significados, adquirem valor e têm potencial de aproximar essas jovens do que a estudiosa chama de "objetos felizes". E, se eu considerar dessa forma cada uma das "etapas" reveladas nesse mapa mental, posso dizer que os elementos/objetos apontados nas entrevistas determinam os caminhos que mulheres jovens julgam ter de seguir (intencionalmente) para serem felizes.

A jornada para a felicidade que essas mulheres jovens me revelaram as orienta rumo a determinados objetos, como se fossem ingredientes necessários para uma vida realmente gratificante, satisfatória. Se eu tomar, por exemplo, o desejo de ter um carro, viajar pelo mundo ou algo mais intangível, a proximidade ou o apego a esses objetos é interpretado como condição para alcançar a felicidade. Esse processo faz com que as jovens movam a própria vida em determinadas direções, em vez de em outras. Esse ponto também me leva de volta à metáfora do caleidoscópio de Lisa Mainiero e Sherry Sullivan, discutida no capítulo anterior. Afinal, as universitárias brasileiras mudam seus padrões, ajustando aspirações para se aproximarem dos tais "objetos felizes".

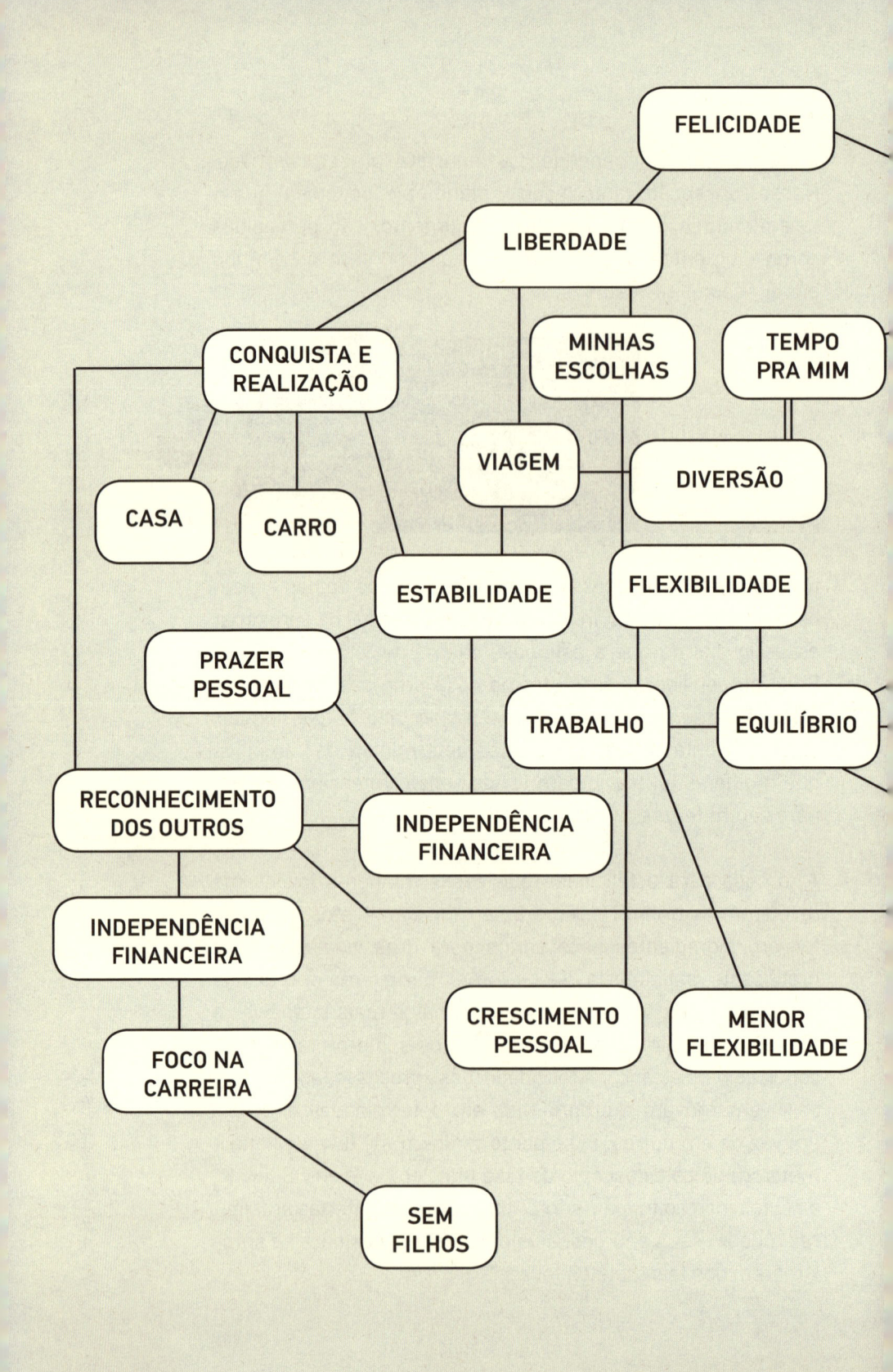

- FELICIDADE
- LIBERDADE
- CONQUISTA E REALIZAÇÃO
- MINHAS ESCOLHAS
- TEMPO PRA MIM
- CASA
- CARRO
- VIAGEM
- DIVERSÃO
- ESTABILIDADE
- FLEXIBILIDADE
- PRAZER PESSOAL
- TRABALHO
- EQUILÍBRIO
- RECONHECIMENTO DOS OUTROS
- INDEPENDÊNCIA FINANCEIRA
- INDEPENDÊNCIA FINANCEIRA
- CRESCIMENTO PESSOAL
- MENOR FLEXIBILIDADE
- FOCO NA CARREIRA
- SEM FILHOS

```
SATISFAÇÃO PESSOAL — MUNDO MELHOR
SATISFAÇÃO PESSOAL — AJUDAR OS OUTROS
SATISFAÇÃO PESSOAL — IGUALDADE
MUNDO MELHOR — IGUALDADE
IGUALDADE — DIVISÃO DE RESPONSABILIDADE
IGUALDADE — MATERNIDADE
DIVISÃO DE RESPONSABILIDADE — MATERNIDADE
DIVISÃO DE RESPONSABILIDADE — MAIS LIMITAÇÃO
MATERNIDADE — CASAMENTO
MATERNIDADE — PLENITUDE
MATERNIDADE — PIORIDADE
MATERNIDADE — CULPA
MATERNIDADE — ATENÇÃO DIVIDIDA
CASAMENTO — CORAÇÃO DIVIDIDO
ATENÇÃO DIVIDIDA — MENOS TEMPO
MENOS TEMPO — APOIO EXTRA
CULPA — CORAÇÃO DIVIDIDO
PIORIDADE — ABANDONAR TRABALHO
INFELICIDADE — MENOS LIBERDADE
MENOS LIBERDADE — MAIS LIMITAÇÃO
MAIS LIMITAÇÃO — DEPENDÊNCIA
DEPENDÊNCIA — ABANDONAR TRABALHO
ABANDONAR TRABALHO — CORAÇÃO DIVIDIDO
```

AS MULHERES JOVENS DEFINEM SUA JORNADA APOIADAS NO POSSÍVEL BENEFÍCIO FINAL QUE A FELICIDADE É CAPAZ DE OFERECER

Segundo as palavras de Catherine Rottenberg, titular da área de estudos de gênero da Universidade de Negev (Israel), "só determinadas escolhas podem trazer as mulheres para bem perto do bem-estar". Trazendo para a minha pesquisa, significa que as mulheres jovens definem sua jornada apoiadas no possível benefício final que a felicidade é capaz de oferecer. Dessa maneira, a jornada individual que elas escolhem fazer se baseia num cálculo particular, no qual pesam o impacto futuro de cada decisão, como se realizassem uma "equação da felicidade". As universitárias avaliam, portanto, tomar (ou não) determinada atitude e adotar (ou não) um comportamento partindo desse cálculo de custo-benefício: quanta felicidade essa ação trará para minha vida? Ou, como Sara diria, se eu me aproximar desse objeto estarei me aproximando da felicidade de fato?

Com o objetivo de identificar a "jornada para a felicidade" de cada entrevistada conforme sua narrativa, desenvolvi seu mapa individual representando todas as conexões e ideias trazidas por elas. Após ter os nove mapas preparados, procurei semelhanças e particularidades entre eles. Nesse processo, observei que as primeiras predominavam sobre as segundas. Embora com algumas peculiaridades, os mapas indicavam um caminho comum, uma meta compartilhada por expectativas parecidas relacionadas à vida pessoal e profissional que querem ter no futuro. Há opções que são valorizadas igualmente por quase todas as jovens com quem conversei. E trago esses temas a seguir.

QUATRO CONCEITOS DA JORNADA COMPARTILHADA

Continuando minha análise das semelhanças, vou apresentar agora o caminho comum que identifiquei na jornada da felicidade, com as escolhas que as universitárias planejam fazer. Para isso, destaco quatro conceitos que caracterizam essa jornada compartilhada: o trabalho como meio de alcançar objetivos, a ambiguidade da família, o equilíbrio trabalho-família e o valor da liberdade. Apesar de minimizar diferenças individuais, que certamente existem, quando forem relevantes, eu as apontarei.

Conceito 1: trabalho como trampolim para outros objetivos

O trabalho desempenha um papel significativo na jornada para a felicidade de universitárias brasileiras, disso não tenho dúvida. Das nove jovens, cinco escolheram uma imagem associada ao trabalho para iniciar a conversa. Além disso, nenhuma delas considera um futuro "feliz" sem a presença do trabalho em sua vida. Algumas podem até não saber direito se vão querer casar ou ter filhos, mas *todas* se mostraram absolutamente certas sobre o desejo de correr atrás de uma vida profissional.

A posição em que a palavra trabalho está no mapa mental revela muito sobre essa importância: no centro, com múltiplos links associados. O trabalho é, de acordo com as mulheres jovens brasileiras, o que as aproximará de seus ideais de ter um carro, uma casa, viagens pelo mundo, independência financeira, estabilidade, liberdade, crescimento pessoal e a meta máxima de felicidade. Se o trabalho não existir, o circuito é quebrado e a jornada inteira falha. Ele torna as universitárias brasileiras, primeiramente, consumidoras que podem comprar "objetos felizes".

Nessa construção, o trabalho é instrumentalizado como o que dá a elas os meios para coisas tangíveis e intangíveis, de um carro até a liberdade. Em outras palavras, provê à mulher universitária brasileira os meios para "possuir" a felicidade. A posse de "objetos felizes", como defende Sara, apesar de não estar exclusivamente associada a coisas materiais, é vista pelas entrevistadas num primeiro momento como se fossem bens que uma pessoa pode comprar como consumidora, bastando que tenha independência financeira.

Bárbara, uma das entrevistadas, foi enfática quando definiu por que o trabalho é importante para sua vida, atribuindo a ele o acesso ao consumo de bens que considera importantes: "Para poder comprar as coisas que eu quero, viajar quando eu quero, viver onde quero, vejo o trabalho como um divisor de águas, pois me permite agir sem precisar pedir nada a ninguém".

Após dizer isso, perguntei a ela o que quis dizer com "divisor de águas" e ouvi como resposta que o trabalho divide sua existência entre ser ou não uma cidadã independente. Significa que ele a faz se sentir mais perto da possibilidade de escolha, da capacidade de decidir o que quer com independência. Indo mais longe, também sugere que a faz se sentir cidadã por possibilitar adquirir coisas para seu bem-estar, a começar por consumir para comer de forma saudável e para ter uma casa segura, por exemplo.

Vários estudiosos estabelecem relação entre a construção da subjetividade e da identidade no trabalho com a cultura de consumir como forma de pertencer, o que é bem diferente de consumismo exagerado. De acordo com Paul du Gay, professor de Psicologia e estudos organizacionais da Copenhagen Business School, as pessoas são estimuladas a modelar sua vida fazendo uso de seu poder de compra e dando sentido a ela pelas decisões profissionais-financeiras que tomam. Ou seja, com base no pensamento de Gay, o trabalho é o que permite a essas jovens condições para escolher (e comprar) o estilo de vida que associam a uma vida com qualidade e feliz.

As australianas Julie Graham, já falecida, e Katherine Gibson, acadêmicas na área de geografia econômica, também reconhecem que, numa "sociedade pós-capitalista", temos de aceitar que a economia estabelece a linha de base para as atitudes que tomamos. Elas vão além, alegando que o significado da vida, nos dias de hoje, está ancorado nessa identidade capitalista.

No caso das universitárias, elas não estão alheias à lógica do mundo capitalista, muito pelo contrário. Mas também não estão alheias a seus sentimentos, desejos, vontades. É como se buscassem seu espaço, sua individualidade, dentro dessa cultura capitalista vigente, coisa que as gerações femininas passadas tiveram enorme dificuldade de fazer (havia um só caminho-padrão determinado pela sociedade).

O TRABALHO É O QUE PERMITE A ESSAS JOVENS CONDIÇÕES PARA ESCOLHER (E COMPRAR) O ESTILO DE VIDA QUE ASSOCIAM A UMA VIDA FELIZ

Da mesma forma, Sara traça um paralelo entre dinheiro e felicidade quando discute o conceito de economia afetiva. Afinal, sentir-se alegre, satisfeita, realizada emocionalmente é uma grande alavanca para a pessoa buscar e conseguir o que almeja. Numa linguagem popular, "põe pilha" na busca pelos objetivos individuais, levando-a a querer acumular renda para concretizar seus interesses. Não por acaso os estudiosos da Psicologia Positiva frequentemente usam a linguagem econômica para descrever a felicidade como um "bem" – tão importante quanto a formação do caráter, a personalidade do indivíduo e seus relacionamentos.

O que Gay, Gibson-Graham e Sara estão defendendo ecoa naquilo que captei das universitárias brasileiras. Elas realmente avaliam o trabalho como um meio quase obrigatório, concreto e acessível de bancar uma vida feliz. Andréa, outra entrevistada, me ajudou a entender como o trabalho desempenha um papel crucial em sua jornada para a felicidade: "Quero ter dinheiro para viajar. Adoro ir à praia. Se eu trabalhar, posso ter um lugar confortável para viver, comer bem. Desculpe, mas a verdade é que acabamos prestando atenção a coisas materiais que podemos comprar".

Repare só que Andréa pediu desculpas por admitir sua intenção de comprar o que eu poderia considerar – de acordo com o julgamento dela – como itens "fúteis". Estava envergonhada ao revelar a motivação por trás de sua decisão de trabalhar.

ESCOLHER UMA PROFISSÃO QUE AS LIVRE DE UM AMBIENTE CONTROLADOR, CERCEADOR DE MOBILIDADE, É ALTAMENTE IMPORTANTE

O trabalho também desempenha o papel de prover "bens" intangíveis. Em outras palavras, as entrevistadas não estavam considerando-o como um meio de comprar coisas só, e sim de alcançar determinado estilo de vida ou estado mental. Isabel enfatizou como o resultado econômico a conecta a um estilo de vida desejado neste comentário: "Quero trabalhar e ganhar dinheiro para manter o conforto que tenho hoje na casa dos meus pais. Viver numa boa casa, comprar um bom carro, ter a chance de me presentear com alguns luxos e poder viajar".

Se me pedissem para resumir qual é o estilo de vida ou estado mental que querem alcançar, diria que, independentemente de algumas diferenças, são denominadores comuns de suas fantasias para o futuro esse tripé: prazer, mobilidade e conforto. Andréa explica a predominância do primeiro em suas escolhas: "Quero trabalhar numa atividade de que goste, que traga prazer e, principalmente, a possibilidade de uma vida boa".

As jovens também analisaram os conceitos opostos *lean in* e *opt out* pela ótica do prazer, mobilidade e conforto, empregando o que defino como "contabilidade do prazer" em cada decisão que tomam. Isso lhes traz as seguintes perguntas: Quanto prazer posso extrair do *lean in*? Ou quanto prazer posso ter adotando o *opt out*? Essa lógica contábil está circunscrita na mesma ótica econômica de "quanto", repetindo o padrão que usam para avaliar seu trabalho. É que também valorizam *lean in* e *opt out* de acordo com a quantidade de dinheiro e o prazer que cada atitude é capaz de proporcionar a elas.

Ao ser perguntada sobre qual seria o emprego ideal, Maria me respondeu sem hesitar: "É o trabalho que me permite definir meu horário, que me dá prazer e que me paga bem". Como a maioria das jovens com quem conversei, ela não pretende negociar quando se trata da possibilidade de reduzir seu prazer. Ou seja, qualquer coisa que comprometa esse "bem" intangível está descartada. É o caso de Bárbara, que usa o cálculo de horas para estabelecer limites: "Quero trabalhar como executiva desde que seja respeitada a minha carga horária, das 9h às 18h. Acima disso, não aceito".

Dando um passo além, o que as universitárias brasileiras estão dizendo é que tudo que bloqueia seu caminho para a felicidade será refutado, e isso inclui tanto o conceito *lean in* quanto o *opt out*. Elas me definiram limites que chamo de "recursos indispensáveis", pois refletem suas aspirações de trabalho. O mais mencionado? Flexibilidade, que significa estar no controle de seu tempo. Portanto, tudo que as impede de ter esse estado de mobilidade encontra resistência. Escolher uma profissão que as livre de um ambiente controlador, cerceador de mobilidade, é altamente importante.

Rachel me disse que um dos motivos pelos quais escolheu Arquitetura tinha a ver com o senso de liberdade percebido nessa carreira: "O estilo de vida de um arquiteto é o que quero para mim. Vou ter muito trabalho pela frente, mas com liberdade de ação". Já Verônica começou a faculdade de Cosmetologia, depois decidiu seguir Administração de Empresas. A motivação veio de sua experiência negativa como recepcionista num SPA urbano: "Trabalhava muito, todos os dias, mesmo aos domingos".

Ela não via prazer em cumprir expedientes longos, inclusive nos finais de semana, mas adora a ideia de ser dona do seu nariz, porque atende sua aspiração de flexibilidade. Embora provavelmente tenham agendas cheias, seja na arquitetura, seja administrando uma empresa, a sensação delas é de que tais escolhas as livram de estresse, permitindo que atinjam mais rapidamente o estilo de vida que desejam.

Não é à toa que as três mulheres jovens trouxeram a imagem de um carro para representar o que querem no futuro. Simboliza o desejo de mobilidade, status e autonomia, a fantasia de ir aonde quiserem, escolhendo seu destino. Pode ser entendido em termos do "quantum" de felicidade que potencialmente proporciona.

Maria me ajudou a entender essa relação: "Quando tiver dinheiro, uma das primeiras coisas que vou comprar será um carro. Quero sair por aí e escolher aonde ir, sem ter de pedir a outras pessoas. Serei uma pessoa muito feliz". Isabel também associou o desejo de ter um carro com uma vida livre de restrições: "Quando tiver meu carro, ninguém conduzirá mais a minha vida". Trocando em miúdos: elas querem conduzir a própria vida, e não ter um emprego que as conduza.

O trabalho assume ainda outra conotação para Nádia, Andréa e Carla, que traçam um caminho um pouco diferente da maioria das entrevistadas: como meio de alcançar um objetivo social maior, que é participar da transformação da sociedade. Ou seja, o trabalho assume uma perspectiva política, já que fornece os instrumentos para que elas lutem pela mudança que querem ver no Brasil.

Nádia, por exemplo, planeja ser jornalista e trabalhar numa emissora pública de televisão ou para uma revista que trate de política. Sua decisão se baseia menos no resultado financeiro e mais na sua afinidade ideológica com essas duas mídias em particular. Nas palavras dela: "Quero trabalhar para ter realização pessoal, mudar alguma coisa. Atuar em algo em que eu acredite". Nádia me explicou que luta por justiça social e oportunidades iguais de gêneros, classes e raças. Como mulher negra, sente que tem de assumir essa responsabilidade caso deseje um lugar melhor para seus filhos viverem. Sendo assim, o trabalho representa para essa futura jornalista uma oportunidade para seguir seus ideais.

> ELAS SIMPLESMENTE REJEITAM O CONCEITO DE LEAN IN PORQUE ENTRA EM CONFLITO COM OUTRAS PRIORIDADES DE VIDA

Curioso verificar que o papel central que o trabalho tem na vida dessas universitárias poderia dar a impressão de que aceitariam todo tipo de trabalho, já que lhes garante recurso financeiro para comprar o que desejam. Mas não é simples assim. Na verdade, elas colocam limites, indicando que o trabalho não pode vir a qualquer custo. Mesmo sendo relevante para lhes dar poder de consumir e independência financeira, é visto como uma instituição perturbadora se determinadas condições não forem garantidas.

Nesse contexto, a proposição de Sheryl Sandberg não as motiva. Não é que tenham medo de assumir responsabilidades por se acharem pouco competentes e confiantes. Elas simplesmente rejeitam o conceito *lean in* porque entra em conflito com outras prioridades de vida. Quando Sheryl revela em seu livro "Tinha saudade de todos os jantares com meus filhos", suas palavras não têm eco entre essas universitárias.

Se *lean in* é traduzido como renúncia aos prazeres simples, não tem espaço na agenda delas, porque interrompe a jornada de felicidade que querem traçar. Maria é clara: "Quando me sentir sobrecarregada com um trabalho, e isso impactar outras esferas como meus relacionamentos afetivos, vou acender a luz vermelha. Quero subir até um ponto que não comprometa a vida que pretendo ter".

O mesmo raciocínio ocorre para a impressão negativa que elas mostraram em relação ao *opt out*. Consideram uma interrupção do acesso ao estilo de vida que almejam. Mesmo prevendo algumas dificul-

Figura 2: A colagem de Rachel enfatiza a função da família

dades para gerenciar o trabalho após a maternidade, abrir mão dele é uma ameaça a evitar a todo custo, conforme Andréa destaca: "Eu só ficaria em casa com meus filhos se não tivesse outra opção".

Nas entrevistas, elas comentaram sobre possíveis negociações que teriam de fazer para manter o emprego, como reduzir temporariamente o ritmo de trabalho ou trocar de atividade. É o caso de Lúcia: "Quando eu for mãe, acho que seguirei carreira acadêmica, para ter a chance de ficar mais tempo em casa".

Se os planos dessas jovens serão ou não materializados no futuro, não se sabe. Todavia, estou certa de que o trabalho é bastante determinante para sua jornada para a felicidade, o que significa que a ausência dele representa quebra de sua idealização de futuro.

Conceito 2: ambiguidade entre querer e temer formar família

Se o trabalho é fundamental para a jornada para a felicidade, na mesma medida é a família. Todas as entrevistadas escolheram pelo menos uma imagem para representá-la: mostran-

Figura 3: A colagem de Lúcia mostra um casal de mulheres com sua filha e uma família de cães

do família tradicional ou não, ou ainda de bichos de estimação (gatos e cães). Independentemente de suas formas múltiplas, o conceito de família está intrinsecamente associado à maternidade. Sim, para elas, ter uma família significa ter filhos e envolve uma miríade de sentimentos positivos como prazer, amor, plenitude e satisfação.

Nas palavras de Maria, família "é um tipo de felicidade inexplicável, um sentimento forte que nos move". As colagens de Rachel e Lúcia (figuras 2 e 3) mostram construções familiares diferentes, a partir de relações hetero ou homoafetivas, e ilustram quão central a família é no imaginário de vida futura das duas. Lúcia inclui uma família de cães, Rachel lembra o aspecto biológico ligado à maternidade, selecionando a foto de uma mulher grávida na qual ela é celebrada por sua capacidade de reprodução.

Verdade que a família, particularmente a maternidade, não está limitada a momentos felizes e agradáveis, de acordo com as entrevistadas, relevando a ambiguidade entre querer e temer dar esse passo. Simultaneamente, o tema atrai emoções boas e negativas, principalmente o medo de não poder acomodar os futuros filhos com suas outras demandas, como trabalho.

A INCERTEZA SOBRE COMO SERÁ SUAS VIDAS DEPOIS DE TER UM FILHO TORNA O MUNDO UM TANTO AMEDRONTADOR

Esse temor assume múltiplas formas quando elas pensam na hipótese de não estarem perto o bastante das crias, de não serem "boas mães", de não terem tempo para si, de perderem o controle da própria vida e a liberdade de se movimentar como quiserem... Isso mostra um conflito de identidades, a maternidade colidindo com a profissional.

Mesmo sabendo que essa realidade não está ocorrendo agora, o medo as faz antecipar potenciais conflitos, vivendo no presente possibilidades futuras. O desconhecido é a ameaça potencial que as rodeia. A incerteza sobre como será suas vidas depois de ter um filho torna o mundo um tanto amedrontador.

Curiosamente, elas são muito seguras sobre suas habilidades para "vencer" na arena profissional, como afirma Carla: "Sei que tenho potencial para ser bem-sucedida na minha profissão". Acreditam que realizarão suas expectativas profissionais, as próprias e as de outras pessoas. Entretanto, o medo e a incerteza crescem quando elas pensam sobre como conciliar isso com a família na jornada para a felicidade. Aqui, o medo representa a incapacidade potencial de viver de acordo com as expectativas da "boa mãe".

Nesse ponto, mulheres brasileiras estão lutando contra o que Pamela Stone chama de "ideologia da maternidade intensiva", ao induzir mães a gastarem uma enorme quantidade de tempo, energia e dinheiro criando seus filhos. A "nova maternidade", descrita pela escritora no início de seu livro *Opting Out?*, define um conjunto de ideais, práticas e normas que cristalizam padrões de perfeição associados à maternidade.

Se essas "regras" não forem seguidas, a "boa mãe" falha no cumprimento das expectativas e surge a culpa. "Vejo muitas mães executivas sem tempo para seus filhos, que ficam sempre com a avó. Eu me sentiria culpada se não pudesse estar presente", antecipa Verônica, que não pensa em abandonar o trabalho e muito menos os filhos.

Apesar dos medos apontados nas entrevistas, vale repetir, todas estão planejando ter uma família e uma carreira. No presente, *opt out* não é uma opção que cogitam para seu futuro – exceto no "pior cenário possível". Verônica argumenta: "Ter filho não é desculpa para largar o emprego". Porém, os discursos imperativos da "boa mãe" e a determinação para manter o lado profissional as levam a buscar soluções que resultem em excelência nas duas arenas. Nesse sentido, universitárias brasileiras constroem estratégias potenciais para manter uma "família feliz" enquanto têm uma carreira.

Usando o raciocínio de Sara, a maternidade demanda ajustes de rota e novas regras para manter a felicidade intacta da mãe e de sua família. Um dos primeiros movimentos para conciliar trabalho e família é colocado em prática muito antes, quando essas jovens escolhem uma carreira que lhes permita mobilidade. Ter horário flexível é o que lhes dá a possibilidade de estar em vários lugares e de manter tempo de qualidade em cada lado da balança.

Caso não tenham essa alternativa, algumas das entrevistadas diminuiriam o ritmo de trabalho para ficarem mais disponíveis para os filhos, pelo menos enquanto forem pequenos. Vide o que me disse Maria: "Eu vou continuar a trabalhar. Apenas deverei reduzir o ritmo até que tenham 3 anos e possam ficar parte do dia numa creche. Esses são os anos mais importantes para uma criança. Se a deixarmos sozinha, sem a mãe, as coisas não darão certo".

Além disso, o medo de ver seus rebentos serem educados por uma babá é muito forte entre as universitárias brasileiras, como menciona Maria: "Quero ter uma profissão que me dê a possibilidade de educar meus filhos". Pela mesma razão, algumas delas consideram limitar as ambições de sua carreira para ter mais tempo para a família.

Nesse ponto, elas estão dizendo que cargos mais altos demandarão maior dedicação ao trabalho, mostrando-se incompatíveis com a maternidade. "Não preciso ser embaixadora do Brasil, talvez eu possa ser uma conselheira, que também é um alto cargo, porém com menos demandas", sugere Isabel como solução para preservar ambos os mundos.

Conter a tempestividade também é apontado como fator crucial para que a família não seja prejudicada pelo trabalho das mulheres – e vice-versa. Ou seja, elas pensam em adiar a maternidade até que a carreira já esteja estabelecida. O raciocínio por trás disso é que, quando a família surgir, elas já terão cumprido a parte "mais difícil" da ascensão na profissão escolhida, liberando assim tempo e energia. Primeiro o trabalho duro, depois a família e, daí em diante, tocar o primeiro num ritmo mais lento nessa terceira fase, ao menos temporariamente, para equilibrar com a família.

Mais uma vez, a proposta do *lean in* de dedicação total ao trabalho, mesmo que seja preciso sacrificar a vida pessoal, não ecoa entre futuras mães brasileiras. As premissas incentivadas por Sheryl, baseadas em longas horas de trabalho, mente ligada aos negócios 24 horas por dia e menos tempo para a família, definitivamente não as atrai. Mesmo com a ambiguidade relacionada à família, esta vence.

Isso não significa que as jovens irão jogar a carreira para o alto, desistir. O outro polo da dualidade *lean in/opt out* também não as satisfaz. Apenas uma universitária enfatizou que poderia aderir ao *opt out* temporariamente, caso não achasse outra alternativa (babá ou escolinha, por exemplo).

Curiosamente somente duas das entrevistadas consideraram *opt out* como uma possibilidade para o pai adotar. A maioria delas automaticamente pensou na mãe, reproduzindo a noção internalizada de maternidade como responsabilidade principal da mulher. Independentemente disso, leia o que Andréa diz sobre o parceiro ideal: "É alguém que ficará do meu lado, cuidando da casa comigo, ajudando com as crianças e dividindo as despesas". Assim, um pai prestativo não exime a mãe da função de principal responsável pelos filhos. Esse é um papel que ainda pertence à mãe e raramente ao pai.

> A POSIÇÃO ESPECÍFICA DO ELEMENTO "EQUILÍBRIO" INDICA RELEVÂNCIA FUNDAMENTAL, FICANDO ENTRE O TRABALHO E A FAMÍLIA"

Conceito 3: equilíbrio trabalho/vida

Apesar de poderem ter diferentes concepções de família – assim como expectativas particulares relacionadas a trabalho, todas as entrevistadas mencionaram que ambos são igualmente elementos centrais para sua jornada para a felicidade. Não é coincidência que muitas das associações apresentadas no mapa mental derivem desses dois pilares, assim como as imagens que selecionaram para criar a colagem. A interpretação do futuro idealizado por elas depende da coexistência das identidades do trabalho e da família.

Andréa expressa isso: "Espero ter uma boa combinação de trabalho e família. Isso tornará a minha vida completa". A mesma determinação é o que move Rachel: "Pretendo chegar a certo nível dos dois lados, para não ser 'meia mãe' e nem 'meia profissional'". E Isabel traz uma ótica adicional para defender o equilíbrio, afirmando que um lado funciona como reforço do outro: "O mundo é mais voltado a quem trabalha. Ajuda bastante ser uma boa mãe se você trabalhar fora de casa. Além disso, a maternidade ensina lições úteis para o trabalho de uma pessoa. É uma situação de ganho duplo".

PARA ESSAS JOVENS, A CULPA POR UMA VIDA DESEQUILIBRADA É FRUTO DAS MÁS DECISÕES, E NÃO DE CIRCUNSTÂNCIAS EXTERNAS

E tem um detalhe: essas universitárias não apenas buscam preservar as duas identidades como também visam um equilíbrio entre elas. Tanto que, no mapa mental, a posição específica do elemento "equilíbrio" indica relevância fundamental, ficando entre o trabalho e a família, porque acreditam que é assim que terão uma vida "feliz". Rachel exemplifica isso com a imagem de um carro carregado de brinquedos e papéis de trabalho: "É assim que visualizo minha vida no futuro, administrando trabalho e família de forma equilibrada".

E quando pedi a Maria para pensar sobre um objeto que representasse equilíbrio, ela veio com a ideia de uma balança antiga e disse: "Acredito que uma balança velha, o símbolo da justiça, ilustra minha visão de equilíbrio. Cada lado representa uma parte da minha vida, a profissional e a pessoal, ambas tendo o mesmo peso. Se uma demandar demais de mim, vai me desequilibrar. Isso não pode acontecer. Temos que viver por muitas coisas, e não colocar o peso só de um lado. A existência de uma pessoa deve ser mais bem distribuída".

O equilíbrio, então, é como uma palavra mágica para elas, que faz a jornada para a felicidade parecer estável e é capaz de transformar a vida em uma experiência prazerosa. No entanto, a meta de fabricar e manter um equilíbrio feliz exige que essas jovens gerenciem suas ações cuidadosamente. Qualquer decisão "errada" pode alterar o equilíbrio desejado e interromper a jornada para a felicidade.

Para essas jovens, a culpa por uma vida desequilibrada é fruto das más decisões, e não de circunstâncias externas. Nas entrevistas, deram vários exemplos de situações comprometedoras, como abraçar trabalho em excesso. Nádia está alerta a esse risco e considera a possibilidade por um tempo limitado: "Não quero trabalhar feito 'louca', mais de oito horas por dia. Talvez no início, só para cavar meu espaço". Maria concorda, alegando que: "A pessoa que trabalha demais não tem um plano em mente, sinaliza que perdeu o controle de sua vida".

Da mesma forma, a possibilidade de ser mãe em tempo integral é vista como limitante, além de não recompensar o bastante. Isabel disse: "Você termina frustrada com sua vida focada só em casa, fica alienada. As mães que conheço, incluindo a minha, que abriram mão do trabalho remunerado, sentem-se mal por essa decisão". Monitoramento constante é a estratégia para preservar o controle e não descambar para o extremo do *lean in* e nem do *opt out*, vistos como indicadores de que as coisas saíram do controle, do plano original de equilíbrio.

O que as universitárias brasileiras revelaram é que o equilíbrio não reside em *lean in* ou *opt out* e que a felicidade está entre a dualidade. Nádia ilustra claramente esse estado intermediário: "A mulher não pode focar exclusivamente no trabalho ou na família. Minha meta é ter um pouco de cada mundo". Quando imaginam um futuro em que o equilíbrio família-trabalho é uma realidade, o sentimento de realização lhes dá um senso de sucesso. Em outras palavras, é bem-sucedida quem consegue manter um equilíbrio saudável entre essas duas dimensões.

Algumas dessas jovens usaram a própria mãe (e raramente o pai) como modelo principal de quem alcançou o equilíbrio e querem seguir o mesmo caminho, ou tentar encontrar um ainda melhor. Aliás, elas as julgaram principalmente pela capacidade de ter carreira sendo também uma presença ativa em casa. "Apesar de trabalhar fora de casa, minha mãe almoçava comigo algumas vezes, me pegava na escola...", lembra Verônica, filha de uma estilista de moda empregada na indústria de roupas.

Ela quer seguir a jornada de sua mãe para atingir o equilíbrio, enquanto Lúcia tem planos diferentes: "Minha mãe ficou grávida com 17 anos, não planejou nada e nem conquistou muitas coisas materiais. Eu quero seguir um caminho diferente e alcançar um estado de paz com uma vida mais equilibrada entre trabalho e família". No caso de Rachel: "Muitas mulheres conseguiram manter uma carreira e criar os filhos ao mesmo tempo. Se minha mãe fez isso, eu também posso! Talvez fique cansada, mas nada vai me impedir de correr atrás das minhas metas do jeito que eu quero".

Encontrar o parceiro "ideal" faz parte dos planos para uma vida equilibrada. A pessoa idealizada que querem ter ao lado, não importando o gênero, é alguém com quem possam dividir responsabilidades, trabalho doméstico, orçamento e criação dos filhos. E não há pressa para essa busca, posto que o consenso é de adiar a maternidade como estratégia para equilibrar no futuro trabalho e família. Elas antecipam que fazem um cálculo de tempo, quase uma equação matemática para esse objetivo, em que entram múltiplas variáveis (achar o parceiro "ideal" é uma delas).

Tudo o que mais desejam é terminar a equação com uma soma "positiva", traduzida por uma vida equilibrada, e não aprisionada por uma postura *lean in* ou *opt out*. Novamente, o que está em jogo é uma lógica "contábil" que mensura alternativas e prioridades. Para alcançar resultados satisfatórios, elas estão cientes de que enfrentarão obstáculos. Enquanto Maria juntava todas as imagens que trouxe para a entrevista, pedi a ela um título que resumisse seus pensamentos sobre sua vida futura. "Desafio", sussurrou, mostrando uma expressão mista de esperança e medo.

Dessa maneira, posso assumir que equilíbrio trabalho-família também é considerado um "objeto feliz", sendo que a esperança de alcançá-lo no futuro orienta suas intenções e decisões atuais. É como diz Sara: "Esperança é um sentimento presente (um prazer na mente) voltado a um objeto que ainda não está no presente". É a promessa de equilíbrio que guia essas jovens, ancorada na esperança de uma vida estável e sob controle, como se esse desejo antecipasse uma garantia de felicidade.

Atingir o equilíbrio denota, para as jovens, um senso de realização. O sentimento de vitória permeia seus discursos, que estão misturados com orgulho e felicidade, como Verônica ilustra bem: "Dará uma sensação muito intensa de que eu sou capaz e isso me deixará feliz, realizada. Vou pensar que consegui o que eu queria, missão cumprida". Maria descreve a mesma intensidade de sentimentos quando diz: "Uma vida equilibrada me trará um senso de plenitude, não precisarei de mais nada, já terei realizado todos os meus sonhos, meus objetivos na vida, tudo que eu quero ter".

Esse estado de felicidade é uma recompensa por seu trabalho duro, um reconhecimento que vem dos outros também. Alcançar um equilíbrio satisfaz a elas pessoalmente e às demandas e pressões da sociedade. "Meus familiares esperam que eu tenha um trabalho e uma família. Se eu conseguir ser bem-sucedida nas duas áreas, ficarei alegre com o reconhecimento deles", comenta Bárbara, cuja colagem sintetiza suas aspirações de equilíbrio. Ela me pediu para dispor as imagens na sequência que planeja seguir, adicionando

Figura 4: A colagem de Bárbara mostra as etapas de sua jornada de vida idealizada

setas para indicar o movimento de um estágio a outro, conforme mostrado na Figura 4.

Seja qual for a emoção que essas mulheres brasileiras associaram ao ideal de equilibrar trabalho-família, é o oposto de fixarem-se em um dos polos. Identifiquei uma batalha comum que posso resumir como um sentimento de "Sim, eu consigo!".

Conceito 4: o valor da liberdade
Liberdade foi uma das palavras mais citadas nas entrevistas em diferentes contextos, com significados específicos. No mapa mental (Figura 1), está ligada a quatro outros temas: viagem, fazer minhas próprias escolhas, realização e felicidade. Esse posicionamento indica que o ato de escolher, para essas universitárias, deve levar a um senso de liberdade. E ao ficarem realizadas com as escolhas que farão, acreditam que vão experimentar uma liberdade que emanará da sensação de "Sim, eu consigo". O mais importante: a liberdade vai conduzi-las diretamente à felicidade. É outro "objeto feliz", como Sara colocaria.

A liberdade foi expressa de várias maneiras: com metáforas, objetos, imagens e desenhos, mostrando sua relevância no futuro. Em comum, essas expressões revelaram duas possibilidades. De um lado, representações de uma vida livre, orgânica, sem formatos definidos, como gostariam que sua vida fosse. De outro, como seria sua vida com ausência de liberdade. É o caso de Verônica, que descreveu seu ideal, pensando tanto em trabalho quanto na vida pessoal, por meio de dois desenhos que reproduzo na Figura 5:

Quando perguntei o significado das duas figuras, ouvi: "Penso sobre minha vida futura de duas maneiras, uma que planejo ter e outra que evitaria a todo custo. O quadrado representa o que eu não quero fazer. É um formato fechado, não há espaço para criatividade, sem saídas; e isso implica limitações. Sinto desespero, falta de ar e infelicidade. Já a forma abstrata sem limites transmite a possibilidade de mudança, a liberdade que eu desejo. Tenho mais ar para respirar".

Quando sondei Verônica quanto a um título para sua colagem unindo as imagens, ela prontamente respondeu: "O sucesso da liberdade". Assim como o equilíbrio trabalho-vida, a liberdade é ingrediente essencial de uma vida bem-sucedida, o estado máximo de felicidade para elas.

Quanto à falta de liberdade, foi descrita como "falta de ar" por Maria, sensação física indicada por metade das entrevistadas. Veio junto com o medo de ficarem presas por algo numa situação de perda de controle sobre a própria vida e tendo que depender dos outros. Maria trouxe uma imagem em que estava dentro de uma bolha com a possibilidade de sair, mas necessitando de ajuda para se mover: "Sem liberdade me imagino assim. Estou dentro da bolha sem conseguir respirar, sem fazer o que quero, com falta de ar para viver".

Como alternativa positiva à "vida na bolha", Maria pensa em ser um pássaro livre que pode fazer o que quer, pousar ou voar, seguindo seus desejos. É assim que ela imagina sua vida. Trabalhando ou ficando com a família, quer baseá-la numa escolha que está livre para fazer, não numa imposição externa.

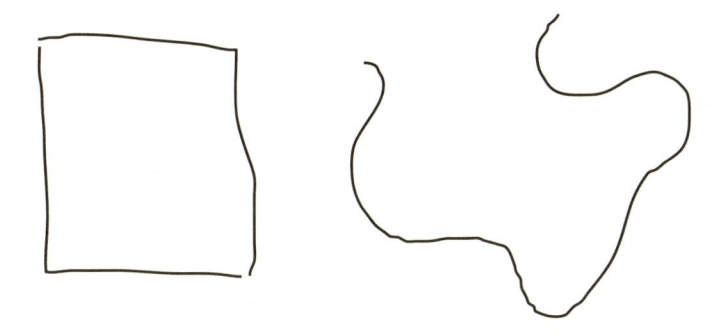

Figura 5: Desenho de Verônica para liberdade – sem (à esquerda) e com (à direita)

ESSE ESTADO "SUFOCADO" SE CONECTA INTRINSECAMENTE AO TEMOR DE SE SENTIR DEPENDENTE DAS OUTRAS PESSOAS, SEM AUTONOMIA.

Bárbara também imagina ter "asas para voar" e teme a possibilidade de viver a vida "na prisão", com outras pessoas definindo "quando ela pode ou não ver a luz do Sol". Além disso, ela associa a falta de liberdade a perder autonomia sendo marionete de alguém: "Outra pessoa está administrando você, que não tem vida própria. Não pode seguir a sua vontade, apenas a da outra pessoa, que dita o que você faz".

Mobilidade também faz parte do apetite das jovens por liberdade. Imagens de carros foram escolhidas, não só para expressar um bem que desejam, como também para oferecer uma metáfora da "sensação de se deslocar sem a ajuda de outra pessoa, escolhendo aonde e quando ir", nas palavras de Andréa.

Da mesma forma, as imagens onipresentes nas colagens associadas à viagem denotam a aspiração de conquistar espaço além dos limites e de navegar por infinitas possibilidades. Lúcia se vê como uma árvore, na qual folhas e galhos representam possibilidades de crescimento. Ela enfatizou a importância de ter raiz, associada à sua família de origem. Sobretudo, lembra Lúcia, a árvore precisa de oxigênio e de um céu limpo para expandir seus galhos e folhas: "Eu sou essa árvore livre", assumiu.

O sintoma da "falta de ar", colocado também como necessidade de "oxigênio", revela o medo de Lúcia de não conseguir fazer a melhor escolha. Esse estado "sufocado" se conecta intrinsecamente ao temor de se sentir dependente das outras pessoas, sem autonomia. A liberdade para escolher, aliás, é outro tema presente no mapa mental, representando muito bem a ambição das jovens e, mais do que isso, a forma que planejam atingir a felicidade.

E como fica a dualidade *lean in/opt out* em relação a esse quarto conceito? Nenhum desses extremos representa espaços de liberdade para elas. O *lean in* assume a conotação de ter a vida controlada pelas regras de outra pessoa. A rotina diária de Sheryl, como exemplo de um caráter *lean in*, é percebida como alguém que tem de ser "prisioneira" da empresa, como um "passarinho na gaiola" ou até como "marionete" nas mãos do mercado competitivo. A própria autora contou em seu livro seguir um longo cronograma, no qual não tinha momentos pessoais nem equilíbrio trabalho-família.

Em suma, falta liberdade à alta executiva do Facebook, e certamente ela não é um modelo de que nossas universitárias querem seguir. Tampouco a liberdade está associada ao *opt out*, já que significa falta de opção. Como diz Pamela: "A também chamada revolução do '*opt out*' é movida não por preferências de estilo de vida ou aspirações por mudança, mas pela incapacidade de muitas mulheres superarem grandes obstáculos...".

Essa visão subtrai a possibilidade de escolha que essas jovens defendem fortemente. Além disso, abrir mão da carreira as transformaria em dependentes dos outros, seja de um pai ou marido que as sustentem financeiramente, seja de filhos que sugam todo o tempo. O caráter doméstico atribuído a essa decisão, portanto, retiraria sua mobilidade de consumidoras, que podem bancar uma "boa vida", e também de cidadãs comuns com direito a decidir o próprio destino.

Qualquer dos polos, *lean in* ou *opt out*, é rejeitado por representar perda de controle sobre a própria vida. E aí, a jornada de felicidade ficaria comprometida. Demonstro, mais uma vez, que ambos os lados dessa dualidade não cumprem as expectativas futuras das universitárias. A identidade "executiva a todo custo" ou a identidade "doméstica em tempo integral" definitivamente não ajudam a pavimentar seu caminho para a felicidade. Isso porque o roteiro que almejam para alcançar a felicidade é influenciado pela lógica do neoliberalismo.

CAPÍTULO 5

O QUE EU CONTROLO?

O maior desejo/sonho/aspiração dessas universitárias é poder gerenciar sua jornada de felicidade sem depender de ninguém. Elas valorizam assumir esse controle, muito mais do que qualquer outra geração. Família tem seu valor, claro. Mas, como não depende apenas delas, fica para um segundo momento, já com menor controle. Em compensação, o trabalho é a força maior de seus projetos, o eixo prioritário para as universitárias. Porém, destaco que, diferentemente das mulheres que hoje têm 40 anos ou 50 anos, trabalho não é tudo. Elas não sacrificam todo o resto por um emprego, mesmo o mais promissor numa empresa estável.

Julguei importante analisar o significado que as jovens de hoje dão à palavra "controle". No passado, pelo viés comportamental, tinha mais a ver com fiscalizar algum processo ou alguém, frear impulsos, não deixar ninguém "sair da linha". Pois agora representa preservar o espaço individual, não se deixar aprisionar por uma pessoa ou postura em nenhum tipo de "caixa fechadinha", não querer seguir um traçado que alguém determinou para elas. É como se essas garotas dissessem "essa é a minha vida, portanto quem decide sou eu". Tem forte relação com garantir autonomia na sua forma de agir e assumir as rédeas da própria existência.

Menos amarras nas decisões de carreira e, em outras esferas, como moradia, denotam a busca por uma vida mais orgânica. Eis um termo bem contemporâneo que está sendo utilizado em abordagens sobre marcas, design, arquitetura e que pode ser transportado para o cotidiano das pessoas. Afinal, o que as universitárias de hoje querem é uma vida menos artificialmente organizada, mais elástica, capaz de ser moldada a diferentes cenários – em vez de um só, previsível, programado.

Sendo orgânica, vai tomando um rumo mais natural, mais espontâneo, mais fluido, com menos pressão para encaixar num modelo predeterminado pelos pais, pelo mercado de trabalho, pela sociedade. Ou seja, dentro de uma expectativa alheia à sua vontade. Isso lembra muito, se fizermos uma correlação bem simples, os vegetais orgânicos. As cenouras que encontramos nos supermercados e feiras geralmente têm tamanho e forma similares. Já com as orgânicas há variedade: menor, maior, reta, curva. Ao gosto de cada freguês.

TANTO AS IMAGENS QUANTO AS NARRATIVAS DAS ENTREVISTADAS REVELARAM UMA IDEOLOGIA MOVENDO SUAS EXPECTATIVAS: A NEOLIBERAL

A INFLUÊNCIA DA LÓGICA NEOLIBERAL

Essa vida orgânica que as mulheres jovens pedem – menos patrulhada, com possibilidades e escolhas – está bem retratada nos dois desenhos feitos pela entrevistada Verônica, o do quadrado e o da imagem abstrata, mostrados no capítulo anterior. A propósito, tanto as imagens quanto as narrativas de todas as entrevistadas revelaram a existência de uma ideologia movendo suas expectativas: a neoliberal. Como sua lógica é baseada nas escolhas individuais, dá o contorno para esse desejo de liberdade florescer.

Sem entrar no mérito do quanto ele é bom ou ruim para a sociedade, o conceito de neoliberalismo que aplico nessa análise é o seguinte: não se trata simplesmente de um conjunto de políticas econômicas, com raiz nos anos 1970, que veio facilitar o livre comércio, maximizar lucros e desafiar o bem-estar. Sua abordagem econômica expandiu-se para uma ideologia que impacta o indivíduo, conforme defendeu Wendy Brown.

Na interpretação dessa professora de ciências políticas da University of California, em Berkeley, somos convocados a pensar sobre o neoliberalismo não só como uma orientação econômica do Estado, mas como uma ideologia na qual o ser humano é quem vai decidir como lidar com suas racionalidades e subjetividades.

O neoliberalismo, dessa forma, promove o autocuidado, depositando no colo de cada um a responsabilidade por saciar suas necessidades e ambições. Chegou ao Brasil. Nossos últimos planos de governo, com ênfase no consumismo, e não em melhorias de infraestrutura, criaram cidadãos que sonhavam com novas geladeiras, celulares e carrões como sinais de prosperidade individual, em vez de aspirarem a uma sociedade mais justa para todos. O filósofo francês Michel Foucault segue essa linha ao conceber o neoliberalismo como um projeto de viver marcado por caminhos autorregulados e autorresponsabilizados.

Pois esses elementos-chave da escola de Foucault estão permeando a jornada das universitárias para sua felicidade. Consegui detectar quatro formas de manifestação da rejeição que elas têm à dualidade *lean in/opt out* sustentadas por essa lógica neoliberal: assumindo-se empreendedoras de seu projeto de vida; balanceando riscos e recompensas, tendo pouca aspiração coletiva e buscando escapar do caminho normativo para conquistar um futuro com diversidade e tolerância.

1. Empreendedoras de si mesmas

As universitárias brasileiras de hoje estão navegando pela vida principalmente sob uma perspectiva individualizada. Sua jornada para a felicidade atende a um desejo de realização pessoal em primeiríssimo lugar. Ao longo das narrativas das nove mulheres com quem conversei, isso era identificado com facilidade quando usavam expressões neoliberais como contabilidade, escolha, individualismo e flexibilidade. Inclusive expressavam seu posicionamento em relação ao *lean in* e ao *opt out* por meio desses conceitos-chave do neoliberalismo, deixando claro que tanto o sucesso quanto a falha têm a ver com a capacidade de cada pessoa.

Essas jovens ficam calculando sem cessar suas iniciativas a fim de otimizar ao máximo seus próprios recursos para chegar lá, seja lá onde for. Elas acreditam que ser feliz depende exclusivamente de suas ações, exigindo autocontrole para não vacilarem. Não há ninguém a culpar por algo que não deu certo, exceto elas mesmas. Nesse raciocínio, a promessa de felicidade se concretiza como recompensa pelo próprio esforço, capacidade, talento; por tomar as decisões "certas".

A maioria das entrevistadas (Bárbara, Verônica, Maria, Isabel, Carla e Rachel) se mostra confortável com essa autorresponsabilização – e não culpa o sistema socioeconômico do país, independentemente do peso sobre seus ombros. O fluxo de seus discursos é guiado pela necessidade de ajustes pessoais (como reduzir a carga de trabalho quando tiverem um bebê devido à escassez de creches, por exemplo), aos quais se referem como escolhas de vida. Daí, elas vislumbram que atitudes precisarão tomar para realizar suas ambições.

Maria enfatiza: "Preciso ter dinheiro, ganhar dinheiro e mantê-lo. Depende só de mim, só de mim". Isabel também reforça seus próprios esforços quando afirma: "Se você consegue o que quer... Está de parabéns! Fez o que foi necessário e mereceu isso".

Esse senso de responsabilidade pela própria vida cria uma forma de individualidade que pode ser vista como identidade empreendedora, como defende David Harvey, um dos marxistas mais influentes da atualidade e especialista em geografia humana. Para ele, apesar de a liberdade pessoal no mercado de trabalho estar garantida, cada um é responsável e "responsabilizável" por suas ações e bem-estar, como ocorre com um empreendedor. Olhando a vida como se fosse um negócio a gerir, cada sucesso ou falha decorre das virtudes de quem a comanda, e não de um sistema, do Estado, do governo.

Como tal, o neoliberalismo elenca todo o esforço e atividade das pessoas em termos empreendedores, encarando os desejos como mercadorias a serem conquistadas, compradas, negociadas. Foucault define como "empreendedor de si mesmo" (*Entrepreneur of the Self*) aquele que está sob seu próprio risco e precisa gerenciar sua vida seguindo a racionalidade do mercado. Toma iniciativas para ser *sua* melhor solução, busca ser o melhor que consegue – sabendo que o resultado dependerá só de suas escolhas.

Nessa visão de Foucault, o sentido é mais amplo que empreender num negócio próprio. Diz respeito à vida. Ter ou não filhos, fazer uma viagem longa ou várias curtas, trabalhar menos ou mais (como e quando), morar num estúdio cheio de facilidades ou numa casa com varanda... O conjunto de escolhas define a atitude autoempreendedora.

Pois é exatamente como as universitárias se veem. Sua jornada para a felicidade pode, então, ser vista como um conjunto de ações que ditará seus sucessos (ou falhas). Elas próprias estão isoladamente no centro dessa construção, movendo a vida na direção que escolhem. A colagem de Isabel (Figura 6) ilustra bem essa postura: no centro, há um copo com a frase "Um copo de amor próprio"; logo abaixo, a imagem de uma executiva espelhando como ela quer ser no futuro.

Figura 6: A colagem de Isabel enfatiza uma pessoa autocentrada e autônoma

A centralidade e proximidade das duas imagens (do copo e da mulher) indicam que Isabel avalia construir sua jornada para a felicidade sem nenhuma outra pessoa ou instituição dando suporte. Ela crê só poder contar com seu "amor-próprio" para ter sucesso e bem-estar. A casa que aspira adquirir (enfatizando que precisa ter "lugar para manter os cavalos"), as viagens que planeja fazer e a educação que almeja ter são recompensas de esforço próprio.

Isabel e outras entrevistadas apontam fazer um cálculo cuidadoso no presente a fim de fabricarem a meta final de felicidade no futuro. Como empresárias de si mesmas, têm de planejar, priorizar, fazer acontecer, criando uma espécie de matriz normalizadora particular. Isso significa se ver como um projeto orientado ao sucesso ou fracasso de acordo com sua própria representação; ter autocuidado, que é "a capacidade de providenciar as próprias necessidades e servir às próprias ambições", nas palavras da professora Wendy.

2. Na retórica da escolha, um olho nos riscos, outro nas recompensas

Nessa postura autoempreendedora, duas dinâmicas adicionais estão em jogo na jornada para a felicidade: risco e recompensa. Não por acaso ambos são conceitos-chave da lógica neoliberal. De um lado, o risco está intrinsecamente ligado à ideia de se fazer as escolhas "certas", para eliminar ou ao menos minimizar chances de falha. Como num negócio, para prosperar deve-se assumir riscos. Nesses termos, as universitárias, como agentes neoliberais, já começam a orientar suas ações futuras considerando os riscos. Isso fica muito claro quando avaliam os extremos *lean in* e *opt out* e revelam que optar por qualquer uma das hipóteses é "muito arriscado", pois ambas são "decisões perigosas". Por outro lado, a recompensa também desempenha papel significativo. Se plantarem as decisões "certas" e gerenciarem bem a zona de risco, essas jovens esperam colher bons frutos por seus comportamentos. Como indivíduos autorresponsáveis, encaram a pressão para fazerem as melhores escolhas visando um retorno vantajoso.

> **A FELICIDADE É O PRÊMIO MÁXIMO, QUE DEVE SER CELEBRADO, E SÓ É POSSÍVEL SE SENTIREM QUE DELA SÃO MERECEDORAS**

Isso significa que, se escaparem do caminho "perigoso" dos polos *lean in* e *opt out*, a felicidade será a recompensa que elas esperam receber no futuro, como explica a entrevistada Bárbara: "Coloco muito esforço pessoal nisso, tenho sucesso e sou feliz". A mesma lógica autorresponsável de mensurar risco e recompensa foi expressa na declaração de Lúcia: "Quero estar no controle da minha vida: se não funcionar, será minha culpa. Se tudo correr bem, serei uma vencedora".

Como se vê, a felicidade é o prêmio máximo, que deve ser celebrado, e só é possível se sentirem que dela são merecedoras. A meritocracia também importa. Assim como no ambiente de negócios, a lógica neoliberal que move a vida dessas brasileiras é moldada por um discurso de realizações, sucesso, falhas, riscos e recompensas. Elas se identificam com um sistema no qual há vencedores e perdedores, dependendo sempre da capacidade individual de almejar as escolhas "certas", inspirado por uma mentalidade "cabe a você", típica da ideologia neoliberal.

É curioso que essa associação entre escolha e felicidade nem sempre tenha sido feita na história. Sara Ahmed lembra a etimologia dessa palavra para explicar sua associação de origem com fortuna: "A palavra feliz originalmente significava '*god hap*', que pode ser traduzido por ser sortudo ou bem afortunado". Tal concepção tornaria a pessoa uma receptora passiva de felicidade (ou não), o que seria um destino.

Pois o neoliberalismo reorienta esse significado colocando o indivíduo como agente dessa aspiração final, por meio de seus comportamentos, intenções, escolhas. Ou seja, a intencionalidade define os movimentos e a proximidade da pessoa com aquilo que descrevi anteriormente como "objetos felizes". E a junção com as decisões individuais é feita pela responsabilização. Como consequência, ser feliz depende de escolher corretamente, lidando com o risco e a recompensa de forma a evitar "objetos não felizes".

O sociólogo e economista brasileiro Eduardo Giannetti complementa que "se as escolhas de alguém no presente determinam, em algum grau, o seu futuro... o futuro sonhado é determinado, pelo menos em parte, pelas escolhas feitas no presente". Zygmunt Bauman, sociólogo polonês que radiografa tão bem a sociedade contemporânea, também afirma que a individualização transforma a busca pela identidade humana em "tarefa", encarregando cada um de se responsabilizar por realizá-la e pelas consequências inerentes às suas escolhas no presente.

SER FELIZ DEPENDE DE ESCOLHER CORRETAMENTE, LIDANDO COM O RISCO E A RECOMPENSA DE FORMA A EVITAR "OBJETOS NÃO FELIZES"

Bauman avisa que a individualização veio para ficar, apesar de "trazer para um número sempre crescente de homens e mulheres uma liberdade sem precedentes de experimentar, mas também uma tarefa sem precedentes de lidar com as consequências". O sociólogo continua dizendo que "a interação do *homo economicus*, com seu cálculo de custo-benefício, com o *homo optionis*, aquele que escreve sua própria biografia, resulta num entendimento de felicidade que vai além de uma 'pessoa feliz' fixa e estável". Ou seja, a felicidade está associada a "pessoas valiosas", conforme afirma Sara Ahmed. Aquelas que fizeram as escolhas "certas" e, por isso, são recompensadas.

O que pedi que minhas entrevistadas fizessem antes da entrevista (coletar imagens que representassem suas expectativas de vida futura) pode ser entendido como um processo de pré-escolha. Afinal, implicou estabelecer prioridades e se responsabilizar por elas; eleger situações, negociando preferências e abandonando outras coisas.

"Foi difícil encontrar imagens relacionadas a seus planos para o futuro?", perguntei a elas. Ouvi, como resposta mais comum, que selecionar fotos não é um exercício fácil por envolver pensar sobre ganhos e perdas, sobre como definir o futuro almejado e sobre quais escolhas teriam que fazer. O mais interessante: a linguagem baseada em cálculos que elas aplicam está permeada de uma grande carga emocional. Sentimentos de ansiedade, medo, alívio, felicidade e esperança temperam seus discursos mais racionais de responsabilização, compondo uma biografia bastante particular.

E, como disse, tanto *lean in* quanto *opt out* negam a elas justamente essa possibilidade de escolher, já que ambas definem espaços muito fechados. No escritório dia e noite? Em casa dia e noite? A figura abstrata e o quadrado (Figura 5) desenhados por Verônica simbolizam, respectivamente, a existência e ausência de opção. Pamela Stone diz que "a retórica da escolha tem apelo sobre o forte senso de representação pessoal das mulheres". Nesses termos, para as jovens que entrevistei, essa retórica atende ao desejo de serem mulheres independentes, que governam o próprio destino.

Elas almejam a possibilidade de criar sua própria biografia eletiva, não ditada pela vontade de outras pessoas. Maria, por exemplo, afirma: "Me sinto bem quando consigo traçar minhas próprias escolhas; ter a sensação de liberdade, ditar as regras da minha própria vida". Isso também encontra eco no discurso de Rachel: "Gosto de saber que *eu* tenho a possibilidade de fazer o que *eu* quero, escolher o que *eu* quero, quando *eu* desejar". O mesmo ocorre com Bárbara: "É bom ter a chance de fazer escolhas, ser capaz de me movimentar livremente ou de ficar, caso deseje".

Em comum, todas essas declarações indicam uma associação direta entre a possibilidade de escolha e a realização da felicidade. No entanto, o que fica confuso nessas interpretações é que isso também pode ser visto como uma limitação. Sara defende que "emoções são livres à medida que não residam num objeto". Trazendo para o universo das universitárias, a intenção que elas demonstram de escolher determinados "objetos felizes", tangíveis ou não, cria o apego. Reivindicam a liberdade de escolha e, paradoxalmente, envolvem-se numa construção de novos laços, bloqueios e restrições.

No fundo, a escolha é um estado utópico de liberdade, já que não as torna livres. Contrariamente, quando rejeitam seguir os caminhos extremos do *lean in* ou *opt out*, elas encaram a tarefa de querer conciliar trabalho e família, ficando "presas" ao desafio de buscar felicidade nesse meio termo, que também é exigente em vez de puramente libertador. Em suma, a retórica de escolha expressa mais uma liberdade utópica, como os discursos neoliberais nos convencem, do que verdadeira, com real autonomia para cada pessoa modelar as condições de vida que quer para si. É "livremente", com aspas.

CAUSAS COLETIVAS VÊM DEPOIS, PARA AUMENTAR A SATISFAÇÃO PESSOAL

Em contraste com as metas feministas de moldar uma sociedade mais igual para mulheres com base numa construção coletiva, a narrativa comum das universitárias com quem conversei não reflete grande preocupação com o bem comum. Exceto três entrevistadas que querem contribuir para tornar o mundo um pouco melhor, a maior parte só expressa necessidades particulares, interesses centrados em si e satisfação pessoal.

O foco na motivação afetiva para alcançar a felicidade e a individualização intensificada pela lógica neoliberal parecem desviar a atenção dessas jovens para questões políticas relacionadas ao bem comum, seja justiça social, seja igualdade de gêneros. Ao discutir seus planos futuros, elas raramente mencionam qualquer meta coletiva de transformação maior. Verônica descreve sua colagem assim: "Eu sou o personagem central da minha colagem: trabalhando naquilo que gosto, tendo uma família com dois filhos, morando na *minha* casa, dirigindo o *meu* carro. Essa é a *minha* vida feliz, uma vida de realizações".

> **AO DISCUTIR SEUS PLANOS FUTUROS, ELAS RARAMENTE MENCIONAM QUALQUER META COLETIVA DE TRANSFORMAÇÃO MAIOR.**

Ao desejar equilíbrio trabalho-vida, autonomia, liberdade e prazer, Verônica e outras universitárias atendem à motivação de realizar seu projeto de felicidade. Da mesma forma, ao rejeitarem os conceitos *lean in/opt out*, mostram um raciocínio puramente centrado em si mesmas – sem compromisso com outras mulheres ou com a sociedade como um todo. É que as alternativas que almejam para sua vida estão orientadas a "mim", não a "nós".

Da mesma forma, o projeto *Lean in Circles*, criado por Sheryl Sandberg como uma iniciativa decorrente de seu livro, com a intenção de empoderar as mulheres com um círculo de "iguais", funciona num esquema individualizado. Ao invés de verdadeiramente transformar espaços sexistas das organizações e mudar a visão geral sobre o feminino, o que *Lean in Circles* faz é incentivar cada uma a enfrentar seus próprios medos para alcançar ganhos pessoais.

Nas palavras da estudiosa de gêneros Catherine Rottenberg: " O que é reforçado nesses grupos *[Lean in Circles]* é precisamente encorajar a atitude empreendedora individual para melhorar seus prognósticos de carreira". Trata-se das "minhas" realizações, não da "nossa" transformação como mulheres. No *Lean in Circles* elas batalham por uma meta similar, porém cada uma no seu espaço. Além disso, essas jovens que eu entrevistei nasceram e foram criadas numa mentalidade consumista ocidental, conforme dito anteriormente, na qual a realização pessoal por meio do consumo tem valor maior que o bem coletivo. Essa realidade, com certeza, não é exclusiva do Brasil. No entanto, aqui assume contornos particulares, já que a desigualdade social ainda é um enorme desafio a ser vencido. Mesmo quando essas universitárias falaram sobre possibilidades de uma mudança mais inclusiva, a meta mais importante era satisfação pessoal e orgulho de si mesmas.

Verônica releva como se sente: "Quando penso em ajudar alguém com meu trabalho, me dá uma sensação de alívio. Fiz a minha parte, cumpri minha função na sociedade". O mesmo disse Andréa: "Quero fazer o *meu* trabalho, algo que *me* dê prazer e que pode ser útil a *outras* pessoas também, à humanidade, à natureza. Significa combinar um trabalho que combine *comigo* ao mesmo tempo em que ajudo pessoas. *Eu* me sinto satisfeita fazendo isso".

Como o mapa mental mostra, é o componente da satisfação pessoal que conecta a ideia de ajudar a construir um mundo melhor e mais feliz. Para essas universitárias, não há ação coletiva se o lado individual não for recompensado de alguma forma. Isso resulta em alguém focado no desenvolvimento da melhor "estratégia" para ter acesso à felicidade pessoal, por meio de um bem comum ou não. O *"nós"* serve ao *"eu"*.

As discussões de Wendy Brown sobre a concepção de Freud a respeito da identidade de grupo ajudam a entender os motivos por trás da impossibilidade aparente dessas mulheres de construírem uma consciência coletiva. Essa cientista política diz que "estamos ligados uns aos outros por nossa experiência coletiva de amar algo que nenhum de nós pode ter, uma ligação que por si só sustenta o amor". Seu raciocínio baseia-se na assunção de Freud de que seres humanos não são "animais de grupo", e sim socialmente hostis e competitivos. O que os liga como grupo é a possibilidade de termos um amor compartilhado por alguma coisa ou alguém.

Um grupo é possível quando indivíduos colocam o mesmo objeto no lugar de seu ego ideal, identificam-se uns com os outros pelo ego, que tem urgência pelo mesmo objeto de desejo e amor. Freud me faz pensar sobre a inexistência de um "objeto amado compartilhado" dessas jovens.

Apesar de a "jornada para a felicidade" definir um caminho comum a elas, não significa que "amem" as mesmas coisas. Cada uma cria o seu "amor" singular e mantém seu ego ideal separadamente. Não há um ego compartilhado, amor compartilhado ou finalidade compartilhada. A meta da felicidade é a mesma, mas o caminho para alcançá-la é individual.

Universitárias brasileiras não representam um grupo de pessoas, mas indivíduos isolados vivendo o mesmo contexto e expostos à mesma lógica neoliberal, enquanto modelam sua biografia personalizada. Usei a palavra "biografia" de propósito, porque reforça esse olhar pessoal à vida de alguém. Uma biografia, nas narrativas das entrevistadas, revela a história de uma pessoa, não uma construção coletiva. O lema "uma mulher de cada vez" cai feito luva, por ser baseado na lógica de que a solidariedade foi substituída pelo desenvolvimento particular. Não coincidentemente esse também é o lema de Sandberg: "uma mulher de cada vez".

ASPIRAÇÃO POR UM FUTURO FORA
DO COMUM E TOLERANTE ÀS DIFERENÇAS

Em determinado momento do processo de análise, eu me perguntei: nos perfis das entrevistadas há tanto brancas quanto negras, tanto heteros quanto homossexuais, e mesmo assim o caminho é comum a todas? Não há alguma contribuição ter membros de grupos distintos na discussão de *lean in/opt out*? Realmente as expectativas de todas definem uma jornada uniforme para chegar à felicidade. Elas aspiram ter uma vida livre e independente, enquanto modelam o futuro com base numa agenda pessoal.

Todavia, fazendo um mergulho mais profundo nas narrativas delas, dá para identificar faíscas de identidade coletiva que não contradizem o caminho comum, e sim o complementam. Explico. Das nove entrevistadas, três delas trazem uma variação do caminho para seu "projeto de felicidade". Elas abrem uma possibilidade de usar sua independência financeira (adquirida com o seu trabalho) para ajudar outras pessoas, para lutar por igualdade (raça, gênero, sexualidade, classe), para construir um novo mundo. Como tal, deixam temporariamente as aspirações individuais em troca de um bem maior.

Duas das três que trouxeram essa ótica alternativa faziam parte de grupos não dominantes: Nádia, negra, que veio de uma classe social menos favorecida; e Carla, lésbica, que não estava certa sobre seu desejo de ter um filho. Deduzo que a opressão, a discriminação que conhecem bem as faz pensar que outras pessoas vivem o mesmo, então coletivamente podem lutar contra isso. A terceira era Andréa, a estudante de engenharia, heterossexual, branca. No discurso das três, lado a lado com suas aspirações pessoais, havia um argumento adicional inspirado por uma natureza mais altruísta.

Sendo assim, os termos do lado direito do mapa mental responsabilidade compartilhada, igualdade, ajudar outros e mundo melhor foram trazidos exclusivamente por Nádia, Andréa e Carla. Essas ideias se relacionam, principalmente, a um projeto que visa transformar a sociedade.

Nádia vê seu trabalho como um canal de mudança: "Sinto que sou responsável por fazer algo pela minha raça. No futuro, não quero ver minha filha ou meu filho com salário menor que o do colega branco, não podendo cursar faculdade por falta de uma boa educação de base. Quero mudar essa realidade. Não estou satisfeita com a situação atual. Sou mulher e negra, quero ter o mesmo direito que os brancos e os homens têm. Sou parte de uma classe marginalizada e oprimida, dos subúrbios da cidade. Luto por igualdade social, de gêneros e de raças".

Faz sentido que a colagem de Nádia (Figura 7) tenha sido bastante diversa de todas as outras. Apesar de se representar como a jornalista de TV Glória Maria e falar sobre o sucesso de sua carreira de forma mais centrada, suas imagens focam principalmente numa luta coletiva contra o racismo. O orgulho de ser negra e a valorização da raça foram preponderantes em seu trabalho final.

Numa das fotos, um quadro branco menciona "estamos mudando o Brasil"; em outra, a capital do país, Brasília. Além disso, há duas ideias centrais: de mudança e esforço conjunto caracterizado pela linguagem no plural. Ela explicou essa representação alegando que a mudança pede engajamento político, e ela se vê como parte disso.

Figura 7: A colagem de Nádia mostra um projeto mais coletivo de combate ao racismo

Figura 8: A colagem de Carla é a única em preto e branco

A colagem de Carla (Figura 8), a única feita originalmente em preto e branco, também quebra a lógica do agente exclusivamente autoempreendedor. Apesar de mostrar no centro a foto de uma mulher que a representa, quando ela explica o trabalho, as outras imagens contrastam com essa abordagem pessoal ao trazer uma preocupação mais coletiva.

Carla espera usar as obras de arte e filmes que planeja criar como forma de conscientização sobre a desigualdade social: "Como produtora de filmes, poderei dirigir a atenção das pessoas a determinadas questões sociais que, quando estão envolvidas com sua rotina diária e focadas em seus smartphones, não podem ver. Quando vão ao teatro, ficam ali por duas horas. É um momento especial para eu ter a atenção delas com uma mensagem relevante, mostrando os problemas que a sociedade enfrenta e pedindo suas intervenções".

Seguindo o mesmo raciocínio, Andréa também expressa seu desejo de ajudar a humanidade e tem preocupação especial com questões ambientais: "Quero ser útil de alguma forma, com um tipo de trabalho que ajude a natureza e a humanidade".

Pensando nessas entrevistadas que manifestaram algum grau de preocupação mais coletiva, eu me perguntei por que membros de grupos não dominantes (em termos de raça ou orientação sexual), mais do que de dominantes (brancas e heterossexuais), almejam o bem comum e não só o pessoal? bell hooks (pseudônimo da ativista social e escritora norte-americana Gloria Jean Watkins, escrito com iniciais minúsculas mesmo) me ajudou com uma possível explicação para essa perspectiva dos indivíduos marginalizados.

De acordo com essa estudiosa de raça, classe e gêneros, "estar na margem" representa uma posição única e "privilegiada" da qual se observa o mundo, um espaço de criatividade e poder. Nesses termos, as narrativas que detalhei há pouco indicam um posicionamento alternativo no qual a produção de um discurso contra-hegemônico é possível.

Desenvolvendo o raciocínio de hooks, Nádia e Carla mais especificamente podem almejar um futuro diferente do "caminho comum" revelado pelas outras entrevistadas, apesar de não rejeitarem o ideal da "jornada para a felicidade". É quase como se a necessidade dessas mulheres (uma negra e outra homossexual) de vencer o preconceito também desse condições mais favoráveis e garra para discutir o coletivo.

Em outras palavras, elas exemplificam bem a vontade de balancear, principalmente pelo trabalho, desejos individuais e uma vida com propósito – o que envolve também o outro, um bem maior, algo que as mobilize além do prazer imediato. Só há um problema: o receio de não dar conta.

CAPÍTULO 6
REAÇÃO AO MEDO DE NÃO DAR CONTA

A liberdade de escolha que as universitárias tanto querem traz a responsabilidade para si sobre as decisões de vida e carreira, como vimos no capítulo anterior. Só que, por mais que calculem riscos e recompensas, não há garantias de que tudo que almejam virá exatamente da forma como planejam.

E se as coisas fugirem ao controle? E se surgir algum imprevisto não planejado? E se o desejo de conciliar carreira e família for uma ilusão? E se a discriminação de gênero ainda falar mais alto? E se eu falhar como mãe? E se o meu companheiro/companheira não dividir as responsabilidades comigo? Portanto, elas também expressam preocupação com essa impossibilidade de garantias futuras em suas narrativas.

Há uma consciência de que essa liberdade almejada depende de uma série de fatores para existir, que não estão 100% sob o controle delas. A começar pela reorganização dos papéis dentro da instituição família e a necessária divisão de tarefas domésticas. Além disso, é imprescindível que o mercado valorize – na prática, não só no discurso – a carreira das mulheres e suas posições, a fim de desenvolver mais lideranças femininas.

Um terceiro fator é a própria reconfiguração das relações de trabalho, de forma a aproveitar de fato as inúmeras contribuições do feminino, oferecendo novas dinâmicas de colaboração, mobilidade e gestão de tempo, elevando assim a produtividade e a realização profissional, sem prejuízo da realização pessoal. Só que tudo isso exige uma mudança no *mindset* da sociedade, coisa que ainda não ocorreu pra valer, como reforçam os nove relatos que colhi.

Felizmente, nos últimos anos, as questões de gênero e o empoderamento feminino vêm integrando com mais frequência as discussões da sociedade brasileira (e mundial) na atualidade, seja em busca de equidade, seja em busca de afirmação das mulheres em liderar a própria vida. Apoiadas por essa onda chamada de novo feminismo, elas cada vez mais fazem escolhas conscientes e que muitas vezes fogem do normativo. Além de optarem por uma carreira de sua preferência, elegem o modo como pretendem se dedicar aos relacionamentos, educar filhos (se desejarem tê-los) e organizar a vida cotidiana.

O MEDO E A INCERTEZA CRESCEM QUANDO PENSAM SOBRE COMO CONCILIAR O TRABALHO COM A FAMÍLIA NA SUA JORNADA PARA A FELICIDADE

Um exemplo bastante em pauta é o das entrevistadas relacionarem o carro muito mais com mobilidade (ideia que combina com liberdade) do que com objeto de status. Outro é a rejeição à ideia de Pamela Stone de sacrificar demais a carreira por causa da família ou o inverso, como prega Sheryl Sandberg. O caminho do meio lhes parece mais satisfatório, mas também gera dúvidas e receios que elas estão dispostas a encarar.

É COMO SE FALTASSE O AR

O medo de ter a liberdade cerceada, expresso pela analogia da "falta de ar", é um dos mais fortes por trás da argumentação dessas moças contra a dualidade *lean in* e *opt out*. Como já disse, ambas as opções são vistas como atitudes extremas e engessadas. Se as universitárias pensam nesses dois polos como quadrados (conforme desenhou Verônica, na Figura 5) é porque nenhum deles é o que pretendem escolher no futuro.

Ao contrário, essas jovens desejam espaços arejados, flexíveis, abertos a possibilidades, com "ar". A esperança de encontrar um ponto de equilíbrio entre seus desejos pessoais e profissionais possibilita que se sintam livres, fora da "prisão", algo que nem o lema de Sheryl nem o presságio de Pamela acenam oferecer. Anseiam governar a própria vida em resposta às demandas e aspirações criadas por elas mesmas. E a liberdade de escolha é o "oxigênio" para percorrerem sua jornada para a felicidade.

Pensando pelo viés do neoliberalismo, é possível acrescentar que o nível de "oxigênio" será proporcional à capacidade de cada jovem de calcular seus passos, medindo riscos e recompensas e se autorresponsabilizando pelas escolhas. Ou seja, liberdade desse tipo é inevitavelmente instável, requer monitoramento constante e resiliência para recuperar o fôlego quando pisar em falso, quando vir um plano fracassar.

Quase sempre é um fenômeno de duas faces, no qual o "medo da falta de ar" pode ser uma ameaça constante, que elas deverão aprender como administrar ao longo da vida. Porque, de novo, não há 100% de garantias de sucesso para nada. Só experimentando para saber se cada decisão trará liberdade ou sufocamento. O bom é que as jovens demonstram maior agilidade para corrigir rotas, desapegando-se mais facilmente daquilo que não funciona, e mais criatividade nas soluções, em comparação com as gerações anteriores.

Nesse contexto, balancear carreira/maternidade é uma preocupação latente. E tem muito a ver com o retrato idealizado da "boa mãe" imposto pela sociedade. A autoconfiança é maior no âmbito da carreira. Elas acreditam que realizarão suas expectativas profissionais. Entretanto, o medo e a incerteza crescem quando pensam sobre como conciliar isso com a família em sua jornada para a felicidade. Aqui, o medo representa sua incapacidade potencial de viver de acordo com as expectativas externas da "boa mãe".

RETRATO IDEALIZADO DA "BOA MÃE"
No Brasil, e na maioria dos países do Ocidente, as expectativas relacionadas a como uma mulher "deve" se comportar para ser uma "boa mãe" trazem um desafio ainda maior à conciliação da carreira com a maternidade, como mostraram os depoimentos

das entrevistadas apresentados no capítulo 4. Foi também o que mostraram, por exemplo, as pesquisadoras Allegra Hodges e Bernardette Parke ao investigarem o tema comparando os gêneros. Elas analisaram 25 características positivas classificadas pela sociedade como importantes em mães e pais, assim como em profissionais de sucesso. Quando cruzaram... Uma surpresa!

No caso dos homens, traços como ambição, inteligência, maturidade, força e confiança são usados tanto para defini-los como bons pais quanto como profissionais de sucesso. Com as mulheres, o resultado é completamente diferente. Praticamente impossível satisfazer os quesitos de uma "boa mãe" àquelas que também se esforçam para ser profissionais de sucesso! Isso porque os traços associados ao seu papel com filhos (afetuosidade, gentileza, sensibilidade e generosidade) estão distantes daqueles associados ao seu papel no mercado de trabalho (capacidade analítica, assertividade e independência).

Tidas como incompatíveis, tais expectativas sociais sinalizam que as mulheres-mães-profissionais, diferentemente dos homens-pais-profissionais, têm de promover mudanças e, enquanto não acontecem, respondem ao impasse construindo personas. Ou seja, para responder a esse conflito e ser aceitas nos dois tipos de ambiente, as mulheres camuflam sua essência criando duas personagens, uma para evidenciar os traços profissionais esperados, outra quando entram em casa. Elas ativam a identidade mais pertinente, mais "adequada" a cada contexto e situação, de uma maneira que os homens não precisam fazer.

Ao que parece, eles já se mostram adaptados ao mundo profissional, enquanto as mulheres precisam se moldar a esse espaço. Mas, como Darwin nos ensinou, se apenas os mais evoluídos e adaptados a mudanças irão sobreviver, as mulheres estão comprometidas com essas mudanças para atingir seus sonhos.

No livro *The Mommy Myth* ("O mito da mãe", em tradução livre), a professora de comunicação Susan Douglas e a filósofa Meredith Michaels comentam tais identidades em mudança: "Para ser uma mãe razoavelmente decente, uma mulher tem de se devotar física, intelectual, psicológica e emocionalmente a seus filhos 24 horas por dia, sete dias por semana". Sabendo que é tarefa impossível, embora muitas mulheres tentem, as autoras emendam com essa provocação bem-humorada: "Seja mais coruja e esforçada em casa do que a mãe do Bambi, mas dê mais resultados no trabalho que a Madeleine Albright", fazendo referência à primeira mulher no cargo de Secretário de Estado dos Estados Unidos, nomeada pelo presidente Bill Clinton.

> BASTA HOJE DAR UM PASSEIO PELA INTERNET PARA VER QUANTAS REGRAS SÃO IMPOSTAS PARA SE ATINGIR TAL ESTÁGIO DE PERFEIÇÃO DA MATERNIDADE

Interessante observar que os traços descritos no estudo de Allegra e Bernardette estão fortemente relacionados às proposições *lean in* e *opt out*. Ou seja, as expectativas sociais do que define profissionais de sucesso combinam com o que Sheryl incentiva. Assim como as características esperadas do que é uma "boa mãe" reforçam a tese de Pamela de que a corda da carreira, em algum momento, acaba estourando para quem decide ter filhos.

Essa incompatibilidade de interesses, limitada apenas às mulheres, é discutida por Susan e Meredith como decorrência de um rótulo criado pela mídia do "novo jeito de ser mãe", que projeta para a sociedade uma visão bastante idealizada da maternidade. Importante destacar que esse "novo jeito de ser mãe" é potencializado por uma competição agressiva entre as próprias mães para provar quem cumpre esse papel melhor.

Basta hoje dar um passeio por Facebook ou blogs para ver quantas regras são impostas para se atingir tal estágio de perfeição da maternidade. Não deixa de ser uma "prisão", que muitas mães reforçam de forma inconsciente, como um reflexo cultural daquilo que incorporaram, mas que as universitárias querem contestar.

PARA SER A MELHOR, DE ACORDO COM O MITO DA MÃE, A MULHER DEVE SEMPRE COLOCAR OS DESEJOS DOS FILHOS ANTES DOS SEUS

O tema continua polêmico, como mostrou em 2016 esse episódio nas redes sociais: em reação ao desafio de compartilhar fotos felizes de maternidade, uma moça de 25 anos decidiu mostrar sua experiência real, que descreveu como cansativa e dolorosa. Seu intuito era mostrar que a realidade das mães não tem a ver com sorrir o tempo todo. Chegou a escrever em seu post: "Quero deixar bem claro que amo meu filho, mas odeio ser mãe". Alcançou em pouco mais de um dia 80 mil curtidas, milhares de comentários de apoio e também de críticas.

É que, para ser a melhor, de acordo com o mito da mãe, a mulher deve *sempre* colocar os desejos dos filhos antes dos seus, nunca se cansar de brincar com eles e ter sempre um sorriso no rosto. Já pensou? Os professores Michelle L. Vancour e William M. Sherman identificam o mesmo padrão quando se referem ao estudo de Anita Garey, conduzido em 1999, em que essa socióloga, famosa por seus estudos das famílias norte-americanas, define três formas de as mulheres receberem "aprovação" como mães: cuidando dos filhos, participando ativamente da rotina familiar e dedicando seu tempo e energia com ou para seus filhos.

Resumidamente, ser uma "boa mãe" significa ser a cuidadora principal dos filhos, devotando-se a eles 24 horas por dia. Outros estudiosos reforçam o argumento, mencionando a perpetuação desse mito de uma mãe perfeita, que possa satisfazer os desejos humanos de amor, educação, empatia, também a necessidade de proteção e garantia, além de ser aquela "heroína" capaz de aliviar ansiedades, descontentamentos, solidão dos filhos. E quem consegue se enquadrar nesse conceito idealizado de mãe perfeita? É a pergunta das universitárias que não quer calar.

SER MÃE POSSÍVEL É MELHOR

Para não faltar "ar" a essas moças, elas planejam contestar esse retrato, desejando ser uma mãe possível, e não perfeita. Desafio incompatível com a proposta *lean in*, como as entrevistadas afirmaram, que declara ser preciso que a mulher esteja disponível para a empresa 24 horas por dia, se quiser subir a escada corporativa e realizar suas ambições de liderar. "Estimulo as mulheres a sonhar grande, forjar um caminho por entre os obstáculos e atingir seu potencial total", diz Sheryl, incentivando a "fazer acontecer", o que inclui enfrentar a *jungle gym*, sua metáfora para materializar dificuldades e obstáculos no ambiente de trabalho e ir em frente.

É um manifesto que essa geração que chega ao mercado de trabalho não reconhece, não legitima como elo ideal entre as mulheres contemporâneas e a domesticidade. Ele forçaria que mantivessem vivas duas personas – a mãe e a profissional –, para não decepcionar os outros, só que isso não combina com a vontade de ter uma vida mais orgânica, podendo gerar infelicidade lá na frente.

O trabalho de Rhacel Parrenas, professora de sociologia e estudos de gênero na University of Southern California, expressa bem como a força das questões domésticas na vida das mulheres traz mensagens contraditórias sobre seu lugar na sociedade, ao mesmo tempo empurrando-as para dentro e para fora do lar.

Esse conflito entre ser a melhor mãe e a melhor profissional, na visão das universitárias, eleva à décima potência o receio de não dar conta nem de uma coisa nem de outra. Com isso, sugeriria que aderir ao *opt out*, depois do nascimento do filho, é a única alternativa por se aproximar da idealização social da "boa mãe". Recentemente, assistindo num canal a cabo à série *The Good Wife*, cheguei a gravar este diálogo de uma advogada com a chefia (mulher) em que faz uma escolha pessoal e profissional:

— Você é uma ótima advogada. É esperta, inteligente, e agiu no interrogatório como uma profissional. Não pode desistir disso. Se desistir por alguém, mesmo que seja alguém importante, poderá se arrepender.
— Não estou desistindo pelo meu noivo. Estou desistindo por minha causa. Gosto de advogar, mas amo meu noivo.
— Mas você não precisa escolher. Pode trabalhar, ser esposa e mãe.
— Mas eu quero escolher. Talvez seja diferente para a minha geração, mas não tenho que provar nada. Ou, se tiver que provar, não quero.
A funcionária se levanta e emenda:
— Estou apaixonada. Obrigada.
— Desculpe por não ter sido uma boa mentora — finaliza a chefe, ainda surpresa com a ousada decisão da advogada.

Essa cena de ficção me lembrou o *opt out* na vida real da norte-americana Anne-Marie Slaughter, que deu o que falar no controverso artigo "Por que as mulheres ainda não podem ter tudo", publicado na revista *The Atlantic* (edição de junho de 2012), com cerca de 3 milhões de visualizações na internet. Nele, essa diretora de planejamento de políticas do Departamento de Estado – a primeira mulher a assumir esse posto, ficando de 2009 a 2011 – revelou sua decisão de deixar a carreira pública em Washington, que chamou de "emprego dos sonhos", e retornar à cidade natal para passar mais tempo com seus dois filhos adolescentes.

Para tornar sua mensagem ainda mais real, relembrou que, enquanto participava de uma recepção com vários primeiros-ministros e o casal Obama, fisicamente ela estava lá, mas mentalmente não: "... Não conseguia parar de pensar em meu filho de 14 anos, que tinha começado a oitava série havia três semanas e já estava retornando ao seu padrão de não fazer trabalho de casa, atrapalhar a aula, ficar reprovado em matemática e escapar de qualquer adulto que tentasse chegar até ele".

O SISTEMA NO QUAL AS CORPORAÇÕES OPERAM É ANTIQUADO E INSISTE NUM MODELO FALIDO, EM QUE FALTAM POLÍTICAS SOCIAIS E DE NEGÓCIOS

A propósito, o artigo de Anne-Marie criticou a argumentação ao estilo *lean in* de que falta às mulheres desejo de ser altas executivas e comprometimento com sua carreira: "Sandberg acha que as mulheres não sonham grande o bastante". Mas a ex-executiva também defendeu que ainda não podem ter tudo porque o sistema no qual as corporações operam é antiquado e insiste num modelo falido, em que faltam políticas sociais e de negócios. Resumindo, o grande vilão é o mercado de trabalho, e não as trabalhadoras.

Em seu entendimento, a maneira como está estruturada a sociedade e a economia, exigindo extensas jornadas de trabalho e outros esquemas rígidos, torna impossível ao quadro feminino conciliar emprego com necessidades pessoais e familiares. Ela admite que fazer *opt out* é socialmente visto como fracasso, mas talvez seja a hora de finalmente reconhecermos que a carreira de uma mulher pode estar envolvida por muitas expectativas irrealistas. E acrescenta não ser coincidência que executivas, em comparação a executivos, tenham menos filhos.

Aqui, na realidade brasileira, vejo esse mesmo sentido. Costumo dizer que o mercado de trabalho, se tivesse um sexo, seria masculino. Ele foi criado à luz dos homens e por homens. Como prova disso, no primeiro semestre de 2016 fui convidada a assistir à premiação das 20 companhias que mais se destacaram em seu respectivo segmento. Todos os executivos que subiram ao palco eram do sexo masculino. Eu fiquei me perguntando: "Como pode nenhuma delas ter enviado uma diretora para representá-la?".

ESTUDOS APONTAM QUE AS BRASILEIRAS GASTAM 39,9 HORAS TRABALHANDO FORA DE CASA E MAIS 23,2 HORAS REALIZANDO TAREFAS DOMÉSTICAS

As mulheres hoje e as jovens com as quais falei mostram isso, querem mudar isso e recriar um espaço mais aberto, mais flexível e mais com a cara delas.

SAI, CASA, DE DENTRO DE NÓS!

A história de Anne-Marie me lembrou uma menção memorável de Golda Meir, a ex-primeira ministra de Israel, que expressa muito bem o sentimento de ter o coração dividido, quando não precisa ser assim: "No trabalho, você pensa nas crianças que deixou em casa. Em casa, pensa no trabalho que deixou por acabar. Essa luta é desencadeada dentro de você. Seu coração está alugado". Tais palavras me soam tão verdadeiras que tenho uma placa com elas no meu escritório.

A mesma sensação foi expressa pela primeira-dama Michelle Obama: "Quando eu estava no trabalho sempre senti que estava prejudicando as garotas. Mas quando eu estava em casa, ficava preocupada porque eu estava deixando as pessoas no trabalho sozinhas".

No Brasil, uma série de estudos mostra que as mulheres continuam as principais responsáveis pelas tarefas domésticas; e isso, claro, preocupa as mais jovens. Nada menos do que 90%

delas entre 16 e 60 anos realizam algum trabalho doméstico semanalmente, contra 40% dos homens, segundo a pesquisa "Trabalho feminino e vida familiar", desenvolvida no Núcleo de Estudos de População Elza Berquó (Nepo), da Unicamp, sob a coordenação da professora Maria de Oliveira e da pesquisadora Glaucia Marcondes. Entre vários motivos, porque o cuidado ainda está centrado na figura feminina. Mesmo que não seja ela a fazer o trabalho, espera-se que se responsabilize por contratar serviços e monitorá-los.

Essa mesma tendência identifiquei na pesquisa que conduzi com 700 mães trabalhadoras no Brasil: 91% responderam que levavam os filhos ao médico e 75% iam a reuniões escolares, em comparação a 4% e 6% dos pais, respectivamente.

Outros estudos apontam que as brasileiras gastam 39,9 horas trabalhando fora de casa e mais 23,2 horas realizando tarefas domésticas. Embora essas estatísticas abranjam todos os tipos de atividade profissional, confirmam a situação desigual de gêneros nas horas dedicadas a trabalho não remunerado, o que ameaça o futuro equilibrismo de papéis das mais jovens.

A revista *Cult* (edição de março de 2016) trouxe um artigo pertinente da doutora em serviço social pela Universidade do Estado do Rio de Janeiro (Uerj) Mirla Cisne, que tem tese e dois livros discutindo o feminismo. Ela chama nossa atenção para a necessidade de mudança urgente de cultura, de mentalidade, que vai aplacar o medo das jovens: "As mulheres precisam sair de casa; e a casa, sair de dentro de nós".

Pois esse apego ainda é verdadeiro e, pelo que constatei, persiste em parte na nova geração. É como se por os pés do lado de fora e ir trabalhar significasse abandonar a casa, desprezando uma responsabilidade que continua sendo apenas feminina, transferida de mãe para filha, igual ao velho jogo de escravos de Jó.

TEM UMA PARTE DESSE LATIFÚNDIO QUE CABE AO MERCADO DE TRABALHO. E AS JOVENS ESTÃO A FIM DE COBRAR ESSA CONTA

Claro, já está decidido, ainda mais para as jovens, que lugar de mulher é fora de casa também. Mas será que conseguimos tirar a casa de dentro de nós? E será que ela internalizou, ao menos um pouco, nos homens? Para essa mulher tocar a vida profissional sem enlouquecer, e ter as mesmas oportunidades que os homens, é importante receber apoio de seu entorno. Melhor ainda se esse apoio vier de dentro de casa. Se, voltando no tempo, a vida da mulher já dependeu de um homem – pai, depois marido agora é de si mesma. Não precisa mais de uma figura masculina provedora.

Se for para se unir a um companheiro ou companheira – não por acaso o parceiro amoroso demorou a ser citado nas narrativas das entrevistas, somente quando abordaram a intenção de conciliar carreira-domesticidade –, que seja para criar a dois uma configuração familiar que lhes permitam integrar as duas personas, mãe e profissional, em uma pessoa só. Uma mulher por inteiro, e não mais com o coração, a cabeça, a energia tão divididos, como tem sido até o presente.

O ganha-ganha, para elas, seus parceiros amorosos e especialmente os filhos que terão, é a regra do jogo que querem jogar em suas relações afetivas.

CADÊ O APOIO DAS EMPRESAS?
Como se vê, o medo de não poder acomodar tudo o que desejam na sua jornada de felicidade tem raiz numa cultura social e empresarial que precisa mudar. E essa discussão ganha mais sentido ainda no momento atual, em que as mulheres acumulam conquistas como executivas e empreendedoras e estão mais decididas a ser bem-sucedidas na vida profissional.

Entretanto, ainda sentem culpa (menos do que no passado, mas ela ainda insiste em incomodar) por acharem que não dão conta de tudo, especialmente do que diz respeito ao tradicional papel feminino do cuidar.

Apesar desse medo apontado nas entrevistas, vale repetir, praticamente todas estão planejando ter uma carreira e uma família. E, embora não vejam o *opt out* como uma opção, é inegável que os discursos imperativos da "boa mãe" e a determinação para manter o lado profissional as levem a buscar soluções que resultem em excelência nas duas áreas.

Além das citadas, como mobilidade e divisão de tarefas domésticas com os homens, tem uma parte desse latifúndio que cabe ao mercado de trabalho. E as jovens estão a fim de cobrar essa conta. A empresa global de auditoria, assessoria tributária e consultoria Grant Thornton pesquisa anualmente os níveis de participação das mulheres em cargos de liderança de mercado. E, mais uma vez, as conclusões do relatório publicado em 2016, "Women in Business: transformando promessas em prática", reforçam que algo continua muito errado.

É que um terço das empresas ainda não tem mulheres na gestão sênior, apesar de: 1) a questão da diversidade de gênero estar sendo mais discutida na agenda empresarial; 2) haver provas de que equipes com liderança diversificada melhoram os resultados em relação a outras com liderança homogênea; e 3) ter diversidade de visões, experiências e estilos ser ainda mais importante, dado o mundo volátil, incerto, complexo e ambíguo (há até uma sigla para isso em inglês, VUCA, que representa *Volatile, Uncertain, Complex* e *Ambiguous*).

As principais recomendações feitas pelo estudo a empresas, governos e às próprias mulheres giram em torno de demonstrar que o mercado precisa de habilidades de liderança que as mulheres valorizam (não é mais aquele perfil obstinado que sacrifica todo o resto e mais parece um monstro), entender o que as motiva a querer o topo (como salário justo e não discriminação de gênero) e criar um ambiente que dê suporte e apoio (seja emocional, seja de creches de qualidade e flexibilidade). Pelo que as universitárias expressaram, certamente tudo isso colaboraria significativamente para afastar aquela voz interior que fica soprando no ouvido "não vou dar conta".

Vale citar que, no relatório de 2015, a maternidade foi apontada pelas mulheres como a principal barreira para chegarem a cargos de liderança (28%), seguida de outras obrigações e pressões familiares (24%). Já para os homens responderam, em primeiro lugar, que faltam mulheres que se candidatam (23%) e, em segundo, a maternidade (21%). Das quatro recomendações do estudo da Grant Thornton, destaco esta, que pode ajudar em muito a jornada das jovens: incentivar a licença paternidade e tratar com naturalidade as mulheres chefes de família, parceiras de homens que priorizam cuidar dos filhos.

O curioso é que escuto como queixa recorrente de muitas companhias de renome: que elas perdem profissionais mulheres qualificadas e em ascensão quando se tornam mães. Alegam que investem em suas colaboradoras, treinam para assumir cargos mais altos. Só que, quando elas atingem o momento da virada, com a chance de alçar voos mais altos, em muitos casos coincide com a hora de ser mãe. E tem sido frequente nesse momento o *opt out*, mesmo que temporariamente, já que o *lean in* não as interessa. Vejo que as empresas estão acordando para isso. Ainda bem!

Várias até criaram programas de apoio para tentar mostrar que é possível conciliar os papéis. As iniciativas vão desde creches corporativas bem equipadas e que trazem tranquilidade às suas funcionárias, como faz a Avon e a Natura, passando por políticas de flexibilidade e mentoria (caso da P&G, por exemplo) e treinamentos específicos ao público feminino (como faz a Accenture), até uma prática da Pepsico chamada Doce Começo, que dá suporte desde a gestação até o retorno às atividades profissionais após a licença-maternidade.

É QUEIXA RECORRENTE DE MUITAS COMPANHIAS DE RENOME: QUE ELAS PERDEM PROFISSIONAIS MULHERES QUALIFICADAS E EM ASCENSÃO QUANDO SE TORNAM MÃES

Horários flexíveis e oferecimento de coaching são boas práticas inclusive para colaboradoras que não estão pensando em ter filhos, para que possam fazer cursos ou viagens importantes ao seu enriquecimento pessoal e profissional. Agora, que fique bem claro: as empresas não fazem isso porque são boazinhas. Precisam reter talentos femininos; além disso, costuma sair mais caro voltar ao mercado para novos recrutamentos e treinamentos.

No próximo capítulo, abordarei as iniciativas de comunicação de algumas marcas que começam a se preocupar com o tema da equidade de gênero e como estão mostrando isso para o mercado e a sociedade.

Relacionando com a minha pesquisa, digo que as empresas precisam mesmo ser lembradas por esse tipo de postura para mostrarem ressonância ao projeto de felicidade das jovens, interessadas em somar "o que eu preciso e o que eu quero". Vejo no meu relacionamento com clientes corporativos quanto os que têm esse propósito são atraentes a essa geração multi-interesses que está saindo das universidades. E digo mais: se são atraentes aos jovens homens, são ainda mais às jovens mulheres, que têm uma visão mais holística do feminino (de projeto de vida, incluindo carreira e família) em seu DNA.

Recomendo prestar atenção ao que disse minha entrevistada Maria: "Quando me sentir sobrecarregada com um trabalho, e isso impactar outras esferas como meus relacionamentos afetivos, vou acender a luz vermelha. Quero subir até um ponto que não comprometa a vida que pretendo ter". A queixa que abordei logo acima (de que muitas empresas perdem profissionais mulheres qualificadas e em ascensão quando se tornam mães) muito possivelmente seja reflexo de raciocínio similar ao da entrevistada Maria: se o compromisso for além de seus limites, elas preferem "pular fora" daquele emprego para buscar a felicidade em outro lugar.

A ex-executiva Anne-Marie declarou que, depois daquele depoimento inequívoco em 2012, recebeu uma avalanche de críticas de outras mulheres que levantavam a bandeira "nós quebramos barreiras, você não pode voltar para casa agora". A pior, segundo ela, é de que representaria uma dicotomia com Sandberg, por afirmar que elas "não podem" o que a segunda afirmava que "podem".

Seus questionamentos renderam, em 2015, o livro, com título bastante sugestivo, *Unfinished Business: Women, Men, Work, Family* (em tradução livre, "Negócios não concluídos: mulheres, homens, trabalho, família"). Nele, evolui a discussão iniciada em seu artigo no *The Atlantic* reiterando que o foco do problema está nos ambientes de trabalho, e não em nós, e faz propostas para que empresas e instituições removam as barreiras da discriminação.

Depois do *opt out*, a autora reorganizou seu equilibrismo de papéis junto com marido e filhos. O mais velho, que a desenhou na escola como se fosse um computador, hoje cursa uma faculdade. Ela marca presença em seminários, faz palestras e dá entrevistas sobre questões de gênero, além de presidir a Fundação New America, um *think tank* suprapartidário voltado a analisar políticas públicas. Eis um exemplo para as mais jovens de que é possível vencer seus medos exercitando a liberdade de escolha e, principalmente, sendo fiel à sua jornada da felicidade.

Pensando em mulheres do Brasil que deram grande importância à maternidade sem que isso minasse sua carreira, consigo pensar numa das atrizes mais completas e amadas, a carioca Claudia Abreu, que tem quatro filhos e sempre afirmou serem eles a sua prioridade. A baiana Maria Eduarda Kertész, ou Duda como prefere ser chamada, se viu, aos 37 anos, na cadeira da presidência da Jonhson&Jonhson, sendo que foi promovida a diretora quando voltava de uma de suas duas licenças-maternidade. Por isso, Duda procura incentivar outras mulheres a não desistirem, por acreditar num equilíbrio possível.

CAPÍTULO 7

COMO FALAR COM ELAS?

Lá se vão mais de 20 anos, desde que saí da faculdade de Psicologia e substituí a convivência com pacientes pela convivência com consumidores; troquei sessões de terapia por *brainstorms* criativos; abri mão de aconselhamentos por estratégias de marcas. E, claro, não poderia deixar passar a oportunidade de analisar quanto elas estão conseguindo colocar em perspectiva as dificuldades, as aspirações e os desafios vividos pelas mulheres jovens.

Esse estudo sobre gênero, que fiz durante o mestrado, foi quase uma rota alternativa ao trabalho que realizo em minha empresa, a TroianoBranding (www.troianobranding.com). Mas, como já expliquei no início deste livro, significou também uma continuação de toda a dedicação que tenho com esse tema desde 2007. Nesse mesmo ano, lancei meu primeiro livro, *Vida de Equilibrista: dores e delícias da mãe que trabalha*. E continuei a discussão em 2011 com *Aprendiz de Equilibrista: como ensinar os filhos a conciliar família e carreira*.

Ressalto que, tanto nesse mergulho mais recente quanto nos dois estudos anteriores sobre o universo feminino, que deram vida aos livros citados, sempre tentei aproximar meus dois mundos: de um lado, o olhar profundo sobre as dinâmicas das mulheres equilibristas e, de outro, alguma tentativa de mostrar como a linguagem das marcas estava conversando (ou não) com elas. Assim nasceram os capítulos "Marcas de Mãe", em *Vida de Equilibrista*, no qual abordava quais marcas eram vistas como parceiras das mães que trabalhavam; e o capítulo "O Futuro", em *Aprendiz de Equilibrista*, quando narrei como algumas propagandas ensaiavam modelos de futuro para nossos filhos.

Desta vez, tento estabelecer alguma ponte entre o que vimos nos projetos de vida e trabalho dessas jovens universitárias brasileiras com o que as marcas têm transmitido, direta ou indiretamente, que seja capaz de alimentar, inibir ou ignorar o que discorri nas páginas anteriores sobre os conceitos *lean in* e *opt out*. Já adianto que, usando a lente dessa dualidade, me chama a atenção uma estratégia comum, que chamo de "descoberta" das mulheres como um segmento de mercado a ser conquistado.

Obviamente, sempre fomos alvo de mensagens publicitárias. Marcas de sabão em pó, xampus ou geladeiras se dirigiam às compradoras número 1 para toda a família. Os tempos mudaram, estamos em todos os locais, dentro e (muito) fora de casa – e a propaganda ainda foca no público feminino. Até aí, tudo certo. Afinal, mais do que consumir, as mulheres lideram o "veto power". O que é isso? Ao se tornarem independentes financeiramente, essas decisoras da maioria das compras da família elevaram à décima potência o seu poder de vetar determinada marca ou categoria sem cerimônia.

Sendo assim, tornou-se no mínimo inteligente que as marcas quisessem agradá-las. Mas seria apenas uma continuação da história que mais marcas procurassem vender produtos às mulheres, não fosse por uma novidade. Do meu último livro para cá, vimos uma proliferação de campanhas publicitárias dedicando-se a empoderá-las. Isso virou uma febre.

Marcas e mais marcas – que começaram fora do Brasil e agora, de forma maciça, por aqui também – investem com carga total em mensagens de apoio ao gênero feminino, reforçando sua autoestima, mostrando que podem tudo, que o mundo é delas. Mesmo categorias que davam pouca atenção a esse público até então, levantaram essa bandeira, ou ficariam de fora do radar de consumidoras essenciais, nas quais as jovens se encaixam.

MARCAS PROMETEM EMPODERAR
No centro desse movimento, o debate sobre os discursos dessas marcas que estão construindo campanhas com base no que os profissionais de marketing chamam de *femvertising*, *go-girl-marketing*, *empowertising* ou *fempowerment*. Todos esses nomes traduzem anúncios que "celebram mulheres e meninas, em vez

de objetificá-las". A Dove liderou o caminho globalmente há quase uma década, com a "Campanha pela Real Beleza"; e muitas outras tomaram o mesmo caminho: Pantene, Always, Under Armour e Nike, só para citar alguns dos mais visíveis cases fora do Brasil.

Nos Estados Unidos, até mesmo empresas como a operadora de telefonia Verizon, que normalmente não é percebida como associada a "produtos das mulheres", está injetando mensagens de *girl empowerment* em seus anúncios. Nos dois exemplos abaixo, ela adota a assinatura "Inspire your Mind", trazendo uma mensagem positiva para inspirar mais garotas a seguirem as carreiras STEM – *Science, Technology, Engineer and Mathematics*. Trata-se de uma estratégia de empoderamento, focada no segmento em que atuam e dirigida às mais jovens, que estão decidindo qual caminho profissional a seguir.

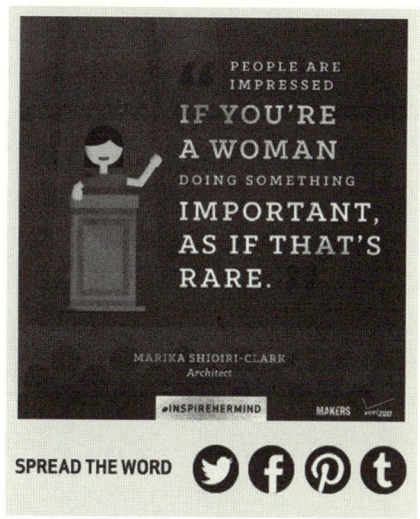

Em terras brasileiras não foi tão diferente. Muitas marcas embarcaram na mesma onda, e algumas há mais tempo, como Natura, Avon e O Boticário, que já nasceram como interlocutoras das mulheres e apoiam-se na beleza para promover o seu empoderamento, cada qual com seu discurso estratégico.

Cito outras mais novatas, como o banco Santander, que numa campanha mais ampla, lançada em 2016, inclui um filme (www.youtube.com/watch?v=GnKNn5lBK3U) contando que 60% dos funcionários são mulheres, só que em seguida destaca o modelo feminino multitarefado, mais próximo da realidade da minha geração, e não a das jovens: "Intuição, foco, entrega; e ainda tem filho, casa, família, paixão... O que a gente pode fazer por você hoje?".

Um outro caso nacional, embora também de empresa estrangeira, é o do canal de esportes ESPM. Numa iniciativa que me parece querer desafiar os pré-conceitos em relação às mulheres no universo dos esportes, o filme mostra como são ausentes da nossa consciência quando pensamos em performances esportivas incríveis, sempre associadas a nomes masculinos (www.youtube.com/watch?v=XoZrZ7qPqio). O empoderamento feminino, nesse filme veiculado só no meio digital, ocorre ao abrir os olhos dos próprios jovens para esse viés míope de percepção.

Provavelmente, todas essas marcas estão trazendo para o palco um fenômeno iniciado em 1968, nos Estados Unidos, com a famosa propaganda da marca de cigarros Virginia Slims. Com o tema "You come a long way, baby" (em tradução livre, "Você percorreu um longo caminho, menina"), foi uma das primeiras marcas a reconhecer um papel para as mulheres diferente do tradicional quadro da dona de casa de avental. Mais do que isso, nesse final dos anos 1960, já mostrava as suas conquistas.

DE TAPUMES A VITRINES TRANSPARENTES
A essa altura você também deve ter se lembrado de outras campanhas que não mencionei. Não querendo generalizar, foram tantas as marcas a adotarem o mesmo caminho, que, a meu ver, muitas acabam confundidas na paisagem. Algumas por serem marcas que nunca haviam se relacionado diretamente com mulheres até que entraram na "onda", apenas para não ficarem de fora da tendência. Outras trouxeram mensagens sem qualquer sustentação na prática, que não passavam de discursos vazios. Eram apenas fachadas publicitárias sem nenhum paralelo na vida real.

Como diz meu marido e sócio, Jaime Troiano, "marcas não são tapumes que escondem suas verdades atrás de mensagens sem sustentação". Cedo ou tarde, os consumidores querem saber o que elas estão fazendo (ou não) para verdadeiramente promover o empoderamento feminino. De tapumes passamos hoje a uma era em que marcas são vitrines e devem ser transparentes. O que acontece dentro das empresas é visível do lado de fora e vice-versa. Os tapumes de madeira viraram vidros transparentes. Ainda bem!

Ao acreditarmos nessa transparência e necessidade de coerência, podemos dizer que, se o discurso publicitário não ecoar na vida real, tais marcas estarão com seus dias contados. Mesmo tendo o meu ganha-pão ligado ao universo delas, prezo (e muito!) o caminho de que têm um dever ético a cumprir, antes de qualquer motivação comercial.

A Avon é uma empresa que busca essa coerência ao promover uma série de ações de empoderamento feminino que inspiram suas funcionárias, consumidoras e seu exército de revendedoras. Ela defende, na sua comunicação, uma nova forma de a mulher estar no mundo, com mais escolhas e sendo protagonista de sua própria história. O pilar fundamental para isso, segundo a Avon, é conquistar independência financeira, meta da qual as jovens não abrem mão e que também casa com seu modelo de negócio (quantas mulheres têm essa autonomia vendendo os cosméticos da marca?).

A PRESENÇA DE MARCAS OFERECENDO NOVAS REPRESENTAÇÕES NÃO QUER DIZER QUE AS IMAGENS PATRIARCAIS E SEXISTAS FORAM APAGADAS

Vale relembrar que o empoderamento feminino dirigido às mais jovens, bastante em pauta em tempos recentes, vem lá de longe. O termo *girl power* foi inicialmente cunhado nos Estados Unidos como *grrrlpower*, em referência a uma forma de comunicar a raiva e como demonstração da rejeição de atitudes paternalistas em relação a esse grupo. Ganhou holofote em meados da década de 1990, com a banda pop britânica Spice Girls. Atualmente, é associado com a geração de jovens que são autoconfiantes, e não mais "raivosas". Sim, estamos falando das mesmas jovens que entrevistei para a pesquisa exclusiva que alimenta este livro.

E já que estou tratando de transparência, convido a refletir se devemos celebrar esse movimento do mundo do marketing que abraça o feminismo, ou questioná-lo por empenhar-se em vender mais produtos usando um disfarce feminista para esconder as intenções capitalistas. Meu objetivo não é apontar o dedo, mas tratar a questão como um diamante, que pode ser girado e analisado por mais de um ângulo. Desenvolvo a seguir uma breve análise crítica do fenômeno da *femverstising*, explorando alguns impactos e implicações de tal tendência na vida das mulheres-alvo. Em primeiro lugar, apesar de Rikki Roger, escritora e profissional de marketing americana, afirmar que "a verdadeira mudança não acontece em anúncios, ela acontece em salas de reuniões e folhas de pagamento", eu acredito que trazer o tema das mulheres para o foco tem seu lado positivo. Seguindo o lema do filme-documentário americano *Miss Representation*, escrito e dirigido pela atriz Jennifer Siebel, "você não pode ser o que você não pode ver", mostrar alternativas de ser mulher é bem-vindo, mesmo que em alguns casos seu retrato continue a ser preso a discursos estreitos. Tais manifestações dão novo fôlego à discussão e retroalimentam o pensamento, o que por si só já acho louvável e oportuno.

Além disso, é ingênuo afirmar que as lutas feministas ficaram no passado. A presença numerosa de marcas oferecendo novas representações não quer dizer que as imagens patriarcais e sexistas de mulheres foram apagadas. É relevante ter em mente como o capitalismo opera por meio de vários de seus discursos e que apenas o lucro está por trás de muitas iniciativas. Isso significa que a tendência *femvertising* não é inocente ou blindada de interesses. Como sugere o jornalista americano no canal CNN, Fareed Zakaria, "cultura segue poder".

Em terceiro lugar, eu me alinho com a ideia da feminista Aisha S. Durham, uma expert em cultura popular negra americana, quando defende que a estratégia de escancarar o racismo não é o suficiente para apagá-lo. O mesmo pode ser aplicado a marcas que estão mostrando ativamente novas formas de feminilidade em seus anúncios. Não significa que o sexismo está resolvido. Visibilidade sozinha não garante que as coisas mudaram para as mulheres e que os estereótipos foram superados. Transparecer é necessário, mas não basta para uma mudança social.

Por tudo isso, penso que as marcas precisam mostrar um compromisso com as mulheres que começa bem antes da publicidade e que vai além dessa ferramenta de comunicação. Em outras palavras, elas devem comprovar fora das telas e dos anúncios (caros e bem produzidos) que realmente se importam e que têm atitudes concretas para capacitar as mulheres. Ações de impacto em favor da verdadeira mudança social são necessárias e urgentes, para aplacar os receios de discriminação apontados pelas universitárias no capítulo anterior.

Só para refrescar a nossa memória, uma das batalhas feministas ao longo dos anos era contra ter retratos irreais de mulheres em anúncios. Ok, tal reivindicação ganhou rótulos contemporâneos, como *femvertising* e *fempowerment*, mas convém fazer uma celebração crítica dessa estratégia comercial. Significa desempenhar um papel duplo: abraçar e valorizar as novas formas de visibilidade dadas às mulheres e, ao mesmo tempo, ter consciência dos mecanismos capitalistas que as impulsionam.

Some-se a isso um grande pecado que ainda perdura: os departamentos de criação das agências de publicidade são tomados por homens. Esse fato é comprovado por dados levantados pela consultoria especializada em melhorar a comunicação com as mulheres, a 65/10, das publicitárias Thaís Fabris, Larissa Vaz e Maria Guimarães. Aliás, o próprio nome da empresa faz alusão a dois números significativos: ao menos 65% das brasileiras não se identificam com a forma como são representadas nos comerciais, conforme pesquisa do Instituto Patrícia Galvão, sendo que há apenas 10% delas na criação dos mesmos, segundo levantamento de Thaís e suas sócias.

Portanto, o caminho para termos marcas com um conteúdo relevante às mulheres atuais ainda é longo, creio eu, e passa por elevar a presença feminina nas empresas parceiras que constroem essa comunicação. Mas todos que buscam esse empoderamento, mesmo sendo por tentativa e erro, estão ajudando a trilhar novos passos.

JOVENS EM BUSCA DO *IDEAL SELF*

Admito que, por meio de estudos de comportamento de consumidor e da construção de estratégias para elas, de alguma forma eu me sinto responsável por alimentar sonhos de consumo. Por isso, procuro trabalhar com bons sonhos, e não com pesadelos que levam ao endividamento, como bem sabemos existir na realidade brasileira.

A ética me norteia a buscar atuar com marcas que são autênticas, sustentáveis e que respeitam seus consumidores. Já que é inevitável consumir, que eu possa ajudar a consumir coisas boas. Esse tem sido meu lema para orientar minha prática profissional. Lembrando que as jovens da minha pesquisa querem consumir. Além das razões óbvias de que precisam adquirir itens para sobreviver e conviver em sociedade, como comida e roupa, também é para aproximá-las daquilo que desejam experimentar, ter, usufruir, equilibrar na vida futura.

| Actual Self | + | Espaço de Idealização | = | Ideal Self |

Em nossa empresa, a TroianoBranding, há vários anos criamos essa equação que ilumina todos os projetos que desenvolvemos: Do lado esquerdo temos o *Actual Self*, que é a forma como as pessoas se enxergam hoje, um retrato de como elas próprias se veem (ou acham que os outros a veem). No outro extremo temos o *Ideal Self*, o "eu" desejado, com os traços que gostariam de ter ou os traços que gostariam que os outros percebessem nelas.

Entre uma coisa e outra, entre a realidade e a projeção, existe o espaço de idealização, uma lacuna que pode ser preenchida de diversas formas: casando com alguém que mostra outras visões de mundo, lendo um livro que as aproxima mais de quem querem ser, fazendo uma viagem a outra cultura ou ainda um curso que amplie seus conhecimentos. São veículos que nos transportam de um lado para o outro, de quem somos para quem queremos ser.

Marcas têm esse mesmo papel. Assim como cursos, cônjuges, viagens, são instrumentos para nos aproximar de quem desejamos ser. Aquelas com as quais nos relacionamos fazem isso em nossa vida. Ter um Apple, por exemplo, me faz sentir alguém mais inovador do que quem tem um computador de outra marca. Usar a maquiagem da Natura me dá uma ideia de bem-estar, de algo que me aproxima de um desejo que alimento na alma. Ter um carro do tipo SUV me faz sentir poderosa, mais próxima do que eu ambiciono.

Eu poderia discursar aqui que marcas não fazem diferença, mas estaria sendo ingênua. É claro que sim, e conseguem agregar esse sentido de *Ideal Self* praticando preços mais altos. Elas vendem sonhos junto com produtos. Ou produtos carregados de sonhos. Ocupam esse espaço de idealização, no sentido de traduzirem projetos de vida e, por isso, agregam valor e podem cobrar mais.

As universitárias com quem conversei têm muitos sonhos, e nos capítulos anteriores detalhei todos eles. O que elas esperam das marcas, nesse projeto de vida que rejeita tanto o *lean in* quanto o *opt out*? Como o espaço de idealização deve ser preenchido pelas marcas? Para responder a essas perguntas, vou começar pelo que elas não querem.

. Elas não querem marcas que reforcem o *lean in*, que ressaltam apenas as conquistas profissionais das mulheres, colocam o foco das ambições femininas apenas nesse campo, como fez em 2009 a Caixa Econômica Federal. Minha leitura ao ver o anúncio ao lado é de uma mulher que estava no modo *lean in*, trabalhando até tão tarde, que sua família não aguentou esperá-la acordada, tanto que dormia no sofá. Quando ela chega, companheiro e filhos já tinham virado ilustração!

Como mulher, profissional, esposa e mãe, olho esse anúncio com dor no coração. E, para quem não é mãe, a ideia não anima nada. Imagine-se na pele dessa mulher chegando em casa, depois de horas e horas no trabalho e se deparando com essa cena. Culpa, culpa, muita culpa! É um anúncio que exacerba o *lean in* e traz justamente aquela sensação de aprisionamento e de falta de ar que as jovens entrevistadas querem evitar.

. Elas também não querem marcas que as joguem de volta para casa, como se o mundo fosse apenas *opt out* e não houvesse outro cenário para encaixar as mulheres além do doméstico. Ainda hoje certas marcas seguem enaltecendo as mães, ao ponto de as colocarem como seres quase inatingíveis de tão perfeitos. Indicando que é melhor mesmo abrir mão da carreira e correr para casa, ou seus filhos não serão tão felizes e vitoriosos como os mostrados pela propaganda. Sua mensagem insiste em reforçar o retrato idealizado da "boa mãe", aquele já abordado neste livro e que as universitárias já sabem que não conseguirão reproduzir – e nem pretendem tentar!

Nas campanhas publicitárias para o Dia das Mães, isso atinge o ápice. Um desserviço às mulheres colocar a possibilidade do equilíbrio casa-trabalho no plano impossível. Felizmente, as jovens revelaram na pesquisa ter consciência de que serão mães possíveis, suficientemente boas, mas não perfeitas. Aliás, o termo mãe "suficientemente boa" foi desenvolvido pelo médico e psicanalista inglês Donald Winnicott. Para ele, é aquela que percebe, consciente ou inconscientemente, as necessidades do bebê e responde de forma adequada, nem menos nem mais do que isso.

Repare que "adequada" é uma palavra-chave. Em nenhum momento, o especialista prega a perfeição, coisa que muitas marcas ainda insistem em martelar na mente feminina. É essa medida de equilíbrio que as jovens pesquisadas me indicaram querer ver e ouvir. A perfeição não faz parte de seu projeto de felicidade. Então, qualquer mensagem relacionada a esse retrato ideal de mãe também representa, para elas, falta de ar, sufocamento e aprisionamento.

As exigências da "boa mãe" me lembram uma campanha da P&G veiculada na TV em 2015 e retomada com a aproximação Jogos Olímpicos Rio 2016. "Obrigado, Mãe" (www.youtube.com/watch?v=av9oXjFbeTk) é um filme extremamente emocionante, bem produzido, que mostra imagens lindas de atletas revelando seus músculos e práticas difíceis, o compromisso diário, seus esforços e vitórias. Ao final, traz uma mensagem de agradecimento a quem foi a força motriz para esse sucesso. A identificação é grande: qual é a mãe que não deseja que seu filho seja bem-sucedido? Por outro lado, passa uma ideia de perfeição. A jovem pode pensar: e se eu não conseguir fazer do meu filho um campeão?

ENTÃO, QUAL A MEDIDA PARA FALAR COM ESSAS JOVENS?

Para responder, vou somar aqui os relatos das universitárias com nossa experiência na TroianoBranding de pensar em estratégias para marcas se relacionarem com esse público. A meu ver, há três modalidades que trabalham bem essa dualidade *lean in/opt out*, buscando explorar ao máximo as perspectivas de um novo equilibrismo nesse espaço do meio, entre os extremos. Falo aqui de marcas colaborativas com o dia a dia das mulheres, marcas com propósito de inspirá-las e marcas que abrem possibilidades para elas serem o que (e como) quiserem.

MARCAS COLABORATIVAS
FACILITAM A VIDA DAS MULHERES

MARCAS QUE ABREM POSSIBILIDADES
OFERECEM ALTERNATIVAS DE CAMINHOS DE SER

MARCAS COM PROPÓSITO
TRAZEM UMA RAZÃO DE SER INSPIRADORA

. **Marcas colaborativas** apostam no desenvolvimento dessas jovens e se veem crescendo junto com elas. É uma forma diferente de pensar, uma nova lente sobre a economia compartilhada. Não tem a ver com iniciativas como Uber ou Airbnb, voltadas a tornar coletivo o que é individual. São colaborativas em outra medida, apoiando os projetos de futuro dessas jovens e facilitando a vida delas.

Essas marcas entendem seus sonhos, a necessidade de liberdade e as dificuldades que terão para conciliar papéis; e tanto trazem soluções quanto criam junto com elas alternativas para um equilíbrio possível de casa e família. Ao se mostrarem cúmplices das mulheres, oferecem serviços que as apoiam em sua jornada da felicidade. Vender apenas produtos não basta. É preciso entregar soluções que colaborem na prática com a vida delas. Traduzindo, que as possibilite escapar das armadilhas do *lean in* e do *opt out*.

Quando penso nisso me lembro da marca Porto Seguro, com sua proposta de valor bastante pioneira "Porto Seguro Faz". Para quem não conhece, a empresa disponibiliza a clientes e não clientes uma série de prestadores de serviços que fazem vários pequenos serviços domésticos: conserto de eletrodomésticos, reparos de elétrica, troca de fechadura etc. De forma oportuna e mostrando-se bem como uma marca colaborativa, reforça no site o compromisso de "facilitar o seu dia a dia". Para viver com "ar", como essas jovens querem, nada melhor do que estar ao lado de marcas que tragam soluções e aliviem as responsabilidades. Vejo a Porto Seguro colaborando dessa forma.

Também podemos pensar em marcas colaborativas olhando para suas atitudes como empregadoras, quando adotam práticas que melhoram as condições de trabalho dessas jovens. Leia-se: entendem que o *lean in*, para essa geração, tem limites e que qualidade de vida é uma moeda desejada; assim como estabelecem políticas de Recursos Humanos para não direcionar ninguém ao caminho do *opt out*. Sendo assim, tudo o que promover esse sentido de "ar" é bem-visto: horários flexíveis, licença maternidade e paternidade estendidas, *home office* e por aí vai.

Um bom exemplo de empresa que tem feito isso de forma bastante positiva é a IBM, onde as cegonhas são bem-vindas. As gestantes podem agregar o período de férias à licença-maternidade; trabalhar em *home office* e, durante a amamentação, têm o táxi pago pela empresa duas vezes ao dia para ir até em casa. Há reembolso para despesas com creche durante 18 meses. Com os homens não é diferente: a licença pós-natal permite que os pais trabalhem em casa por quatro meses, dando apoio à esposa e vivenciando a paternidade nesse primeiro período. Tudo para reter talentos.

. Marcas com propósito Outro jeito de falar com essas mulheres, tanto no papel de consumidoras quanto de profissionais, é quando as marcas e suas respectivas empresas revelam propósitos com os quais elas se identificam. Para explicar o que a nossa empresa e eu entendemos por esse conceito, começo avisando que não é uma causa. Causas são passageiras, muitas vezes fruto de oportunidades inoculadas nas empresas de fora para dentro. E frequentemente servem para reduzir o sentimento de débito social delas com a natureza, a comunidade, o mundo a seu redor.

Propósito, ao contrário, é fruto da própria história da organização, nasce de dentro para fora. Também difere muito de missão (o que uma empresa se propõe a fazer) e visão (para onde ela vai), dois instrumentos que foram criados para individualizar as empresas, mas acabaram sendo pasteurizados no dia a dia e se parecendo muito. Não é o caso de abandoná-los, mas de dar um passo à frente, na direção de algo que expresse de forma única, singular, a razão de ser da empresa espelhada em sua marca. É aí que entra o propósito, sua razão de ser, o porquê de existir.

No nível pessoal, propósito dá sentido à nossa existência e nos move adiante. É aquilo que nos faz acordar mais motivados para ir trabalhar: não apenas porque estamos sendo bem pagos, mas porque sentimos que fazemos diferença no mundo. Essa é uma geração que deseja trabalhar e cada vez mais consumir produtos de empresas que espelhem os seus propósitos de vida.

> **UMA EMPRESA QUE TEM COMO PROPÓSITO PROMOVER O EMPODERAMENTO FEMININO, E PÕE VERDADEIRAMENTE ISSO EM PRÁTICA, LEVA VANTAGEM JUNTO ÀS JOVENS MULHERES.**

Uma empresa que tem como propósito promover o empoderamento feminino, e põe verdadeiramente isso em prática, leva vantagem junto às jovens mulheres. Mesmo que seja como critério de desempate na hora de uma compra. Se essa marca explicita um propósito com o qual elas se identificam, com certeza sai na frente. Vamos pensar em exemplos de empresas e marcas com propósito que de alguma forma espelham desejos das jovens mulheres?

O Google, por exemplo, sempre é associado ao ambiente ideal de trabalho, ao menos aos olhos dessa geração, que ressalta seus espaços abertos, horários flexíveis, arquitetura contemporânea e estímulo para que seus colaboradores tenham qualidade de vida.

Há, ainda, uma aura que a marca emana por ser um ícone do Vale do Silício, carregando o glamour do mundo digital.

Com essa imagem, essa inovadora empresa de tecnologia parece oferecer aquilo que essas jovens buscam: um espaço com "ar" para que desenvolvam suas potencialidades sem se sentirem aprisionadas pelo rígido destino do *lean in* ou do *opt out*. Não por acaso é a empresa mais desejada pelos jovens brasileiros, liderando o ranking em 2014 e 2015 da pesquisa Empregos dos Sonhos dos Jovens, realizada pela consultoria de recursos humanos Cia de Talentos e pela empresa de pesquisa Nextview People.

Quem assistiu ao filme americano *Os Estagiários*, estrelado pelos atores Vince Vaughn e Owen Wilson, pôde explorar um pouco como é trabalhar no Google enquanto acompanhava a história de dois amigos com mais de 30 anos na disputada seleção de estágio. Além de mostrar os desafios do relacionamento intergeracional, essa comédia rodada em 2013 consegue contagiar a todos com o alto-astral que permeia os ambientes da sede na Califórnia.

Além do Google, Facebook e Natura, por razões distintas, também figuram no topo da lista de companhias mais admiradas pelos brasileiros de 18 a 30 anos, conforme estudo do 99jobs, site de divulgação de vagas e comunidade de carreira que acredita em trabalho com significado. Eles declararam ainda querer trabalhar com algo em que realmente acreditam (80%) e que seja prazeroso (74%). Olhando para essas empresas à luz do que ouvi das universitárias brasileiras, vejo que cada uma delas atende a exigências que refletem seus desejos.

Facebook é outra empresa de tecnologia que parece ser um lugar de pessoas com liberdade para trabalhar, num ambiente físico estimulante e que ainda oferece um produto que está na rotina de todos os jovens. É um fenômeno bastante parecido com o que ocorre com Google.

E Natura? Além de falar diretamente com as jovens mulheres, pela própria natureza de seu negócio, cria identificação com o conceito "bem estar bem", tema que usou por muitos anos. Esse propósito é assumido pela missão de comercializar produtos e serviços cosméticos que proporcionem nas pessoas uma experiência harmônica com seu corpo e junto ao outro, e também com a natureza na qual estão inseridas. Qualquer semelhança com as aspirações de liberdade e bem-estar das jovens não é mera coincidência.

. Marcas que abrem possibilidades Dei esse nome a um terceiro grupo que terá espaço na vida dessas jovens, seja atraindo-as como consumidoras, seja como profissionais. Nas palavras delas próprias, também fornecem o "ar" de que elas precisam aquelas marcas que não fecham possibilidades. Ao contrário, ampliam caminhos para um novo equilibrismo que faça caber família e carreira. Arrisco a seguir comentar duas marcas que propõem essa liberdade às suas consumidoras.

Uma delas é a Barbie, da Mattel. Sim, essa é uma marca bastante controversa no que se refere à forma como historicamente vinha retratando as mulheres. Críticas não faltaram na direção de condená-la por impor modelos femininos clássicos, como a Barbie princesa e a Barbie sereia. Sem falar no padrão rígido de beleza associado à marca: sempre magérrima, loura, de cabelo liso e alta. Mas a boneca mais famosa do mundo também mudou e quebrou paradigmas!

Em uma campanha lançada em 2015 nos Estados Unidos, com o sugestivo nome *Imagine the possibilities* ("Imagine as possibilidades", em tradução livre), que traz a pergunta-chave: "O que acontece quando garotas são livres para imaginar que elas podem ser qualquer coisa?". A marca mostrou querer criar novos caminhos e ampliar os sonhos das jovens. Nas palavras da criadora da Barbie, Ruth Handler, essa missão da marca fica ainda mais clara: "Toda minha filosofia em relação à Barbie é a de que, por meio da boneca, a menina possa ser o que ela quiser ser. A Barbie sempre representou as diversas escolhas que a mulher tem à sua disposição".

Para mim, essa ideia expressa por Ruth não era verdadeira desde o início da marca, mas o atual passo dado por ela confirma a filosofia de sua criadora. E é exatamente isso que ouvi nas entrevistas com as universitárias: que desejam ser o que quiserem, sem amarras, com liberdade de escolhas. Não só o filme (www.barbie.com/en-us/youcanbeanything) gerou milhares de compartilhamentos nas redes sociais, como também foi celebrada a chegada de Barbies com diversas cores de cabelo, quatro tipos de corpo (*petite*, com curvas e alta, além do modelo clássico), sete tons de pele, 22 cores de olhos e 24 penteados.

Algumas marcas de cerveja, pelo menos no Brasil, também costumam ser criticadas pelas posturas machistas na forma de se comunicar, salvo exceções. Exatamente por isso me surpreendi com uma campanha da marca Coors Light, lançada em 2016 nos Estados Unidos (www.youtube.com/watch?v=-lqgAs1eCvk). Com o tema *Whatever your mountain* ("Qualquer que seja sua montanha", em tradução livre) o sentido vai bem além do literal e promove a equidade de gêneros.

Segundo o diretor de marketing da marca, David Kroll, foi a primeira iniciativa de trazer para o mercado uma campanha *gender free*, ou seja, sem definir se o público-alvo são homens ou mulheres. Em depoimento para a publicação de marketing *Advertising Age* (edição de janeiro de 2016), o executivo destacou que a Coors Light continuará a explorar uma gama de ações que contam a história das montanhas pessoais que seus consumidores escalam e os valores que partilham com a Coors Light, como resiliência, independência e espírito aventureiro, o compromisso de fazer as coisas da maneira correta, além do desejo de aproveitar a jornada e celebrar as conquistas.

PARA OS PUBLICITÁRIOS E OS DIRIGENTES DAS MARCAS, FALAR COM AS MULHERES NO PASSADO ERA MUITO MAIS FÁCIL!

Nessa mesma ideia de abrir possibilidades é impossível eu não me lembrar do emblemático trabalho de Dove, que já citei anteriormente. Várias campanhas de seu projeto global Real Beleza questionam estereótipos e, com isso, abrem estradas. Da mesma forma, a Natura em sua recente campanha "Viva Sua Beleza Viva" (www.youtube.com/watch?v=8wS2EQxnjMk) amplia o conceito de beleza, questiona a perfeição e inspira as mulheres a acompanhar seus tempos e momentos do jeito que quiserem. Ambas, Dove e Natura, trazem essa proposta de escolhas, mesmo que mais limitadas ao universo da beleza, sem entrarem diretamente no campo da carreira e do dilema *lean in/opt out*. Apesar disso, oferecem "ar" para que essas jovens mulheres tenham menos amarras, mais espaço para serem felizes à sua moda.

. O ponto perfeito Ressalto que esses três movimentos que uma marca pode protagonizar não são excludentes, o que lhes permite abraçar a todos, de forma simultânea: tanto colaborar com a vida dessa geração quanto empatizar com algum propósito delas e ainda expandir possibilidades de concretizar a jornada de felicidade das jovens mulheres. Seria como praticar o que os americanos chamam de *sweet spot*: o ponto perfeito que abrange os três caminhos.

EMPATIA, FIDELIDADE E UMA IMAGEM SUSTENTÁVEL
Não posso afirmar que a vida das mulheres era mais fácil nas décadas anteriores. Há quem defenda essa teoria, justificando que elas não precisavam se preocupar com suas escolhas. Sua trajetória já estava marcada ao nascer, tudo já vinha pré-formatado.

Só precisavam desempenhar o seu papel. Não concordo muito com isso. Mas de uma coisa eu tenho certeza: para os publicitários e os dirigentes das marcas, falar com as mulheres no passado era muito mais fácil!

Não havia múltiplas representações do que era ser mulher. Bastava colocá-la bem vestida, dentro de casa e expressando seu amor incondicional e servil à família. De forma bastante simplista, era quase isso. Em certo sentido, a felicidade era simples – e retratá-la na propaganda exigia habilidades de principiante. De lá pra cá, a vida das mulheres ficou bem mais complexa; e entendê-las, idem. Mas também melhorou e muito. Hoje, somos tudo o que quisermos ser. Sem pré-definições nem limites. A vida orgânica e flexível está em nossas portas.

SE JÁ ESTAVA DIFÍCIL PARA AS MARCAS E EMPRESAS FALAREM COM A MINHA GERAÇÃO, FICOU MAIS COMPLICADO AGORA, SE LEMBRARMOS QUE ESSAS JOVENS REJEITAM MENSAGENS RÍGIDAS

Entretanto, essa multiplicidade se tornou um desafio enorme para a comunicação das marcas. São tantos os retratos atuais do que é ser mulher! Como resumir tudo e gerar identificação feminina instantânea num anúncio de revista? Ou num filme publicitário? Num post? Se, por um lado, ampliaram-se as formas de comunicação e relacionamento com essas importantes consumidoras e profissionais, na mesma medida subiu o tom crítico delas.

Some-se a isso o efeito das redes sociais. Uma empresa pode ser amada ou odiada em segundos, e os comentários virtuais se multiplicam como rastilho de pólvora. Quando são positivos e viralizam, levam os publicitários e marqueteiros por trás do conteúdo ou campanha ao Nirvana! Os negativos já levaram várias empresas a tirar comercial do ar, sustar vídeo, até pedir desculpas publicamente e reafirmar seu respeito às mulheres.

Se já estava difícil para as marcas e empresas falarem com a minha geração, ficou mais complicado agora, se lembrarmos que essas jovens rejeitam mensagens rígidas de que devem ser somente profissionais de sucesso, sacrificando todo o resto, ou somente cuidadoras perfeitas da casa e da família, como se não tivessem outras ambições. Entre um extremo e outro, uma diversidade de necessidades e vontades como nunca se viu, que abrangem não apenas a visão de futuro como também de questões sexuais, de raça...

Em outras palavras, todas as peças publicitárias que estimulem ideias limitantes, pausteurizadas e discriminatórias são rejeitadas. Se uma marca foca de forma exagerada no caminho do *lean in*, há poucas chances dela gerar algum tipo de envolvimento com as jovens mulheres. Se trouxer modelos ideias de mãe, esposa e afins, incompatíveis com uma vida de quem quer equilibrar pratinhos de uma forma mais leve e saudável, também será mal vista.

Portanto, viver no fio da navalha entre o *lean in* e o *opt out* é um grande desafio para as jovens com quem conversei. E mais ainda para as marcas que querem criar empatia, fidelidade e uma imagem sustentável. As referências do passado não servem mais. Então, vamos parar de querer encaixar as mulheres em "caixinhas estáticas" de ideias e propostas, como se todas fossem iguais, quisessem as mesmas coisas e se comportassem da mesma maneira. Esse assunto, aliás, eu pretendo aprofundar num livro futuro.

Essas jovens precisam de marcas que as apoiem no projeto de futuro equilibrista delas. Para ajudá-las a serem melhores equilibristas – da forma que acharem que devem ser. E aí vão falar da marca de celular que garante mais mobilidade, da marca de alimentos que dá energia e vitalidade, da marca de beleza que valoriza sua feminilidade, do banco com atendimento que eleva sua autoestima em vez de tratá-la como uma bobinha em finanças. E por aí vai. Aquelas que entenderem para onde caminha o projeto de futuro dessas mulheres irão colaborar para fazê-las mais felizes.

RETORNO EM FELICIDADE

Certa vez, enquanto escrevia um texto, acabei criando um conceito que batizei de ROH (em inglês, *Return On Happiness*) das marcas, numa alusão ao famoso conceito de ROI (*Return On Investment*). Ele cabe bem aqui, quando falamos que as marcas precisam atender ao projeto de felicidade dessas jovens. Afinal, minha experiência mostra que, nesse mundo contemporâneo, o bem mais precioso de todos é a busca por momentos felizes.

FELICIDADE PASSOU A SER A GRANDE MOEDA DA ATUALIDADE, INDO MUITO ALÉM DE CONJUGAR O VERBO TER

Já houve um tempo em que as pessoas queriam conquistar patrimônio, acumular fortunas. Muita gente ainda busca essas coisas. Só que felicidade passou a ser a grande moeda da atualidade, indo muito além de conjugar o verbo TER. Com as universitárias não é diferente.

Nesse aspecto, o desejo dessas jovens e as marcas precisam se encontrar, formando trampolins para uma vida mais feliz, rica de significados, plena. Não que eu espere que elas se responsabilizem por entregar o pacote pronto. Afinal, como bem diz o provérbio, felicidade não se compra. No entanto, podem, sim, aproximar consumidores de seus projetos de felicidade ou, pelo menos, proporcionar alguns instantes desse sentimento. Basta imaginar a cena de alguém devorando um chocolate com a composição mágica de cacau, aroma, crocância, ou mergulhando num mar de cor verde esmeralda, digno do Caribe. É felicidade na veia!

Muitas marcas são instrumentos que apresentam felicidade potencial para os consumidores. Ao comprar um saquinho de Doritos, só de imaginar o prazer de comer aquele indulgente salgadinho, a consumidora já sente uma boa dose de satisfação. De forma mais direta, o supermercado Pão de Açúcar já se apresenta como "lugar de gente feliz" e trabalha seu espaço com esse mote. Tanto que expõe as frutas e guloseimas, além dos vinhos, procurando associar consumo a uma vida recheada de significados, muito mais do que apenas abastecer a casa.

Eu me lembro de uma campanha da Pepsi Light, veiculada há alguns anos no Brasil, propondo ajudar as mulheres a ter uma vida mais equilibrada, a serem mais felizes. A campanha chamava "Você já equilibra coisas demais. Uma parte, a gente ajuda".

Olhando para esses e outros exemplos, parece óbvio que qualquer marca pode prometer felicidade. Porém, as jovens da minha pesquisa querem perceber comprometimento em proporcionar uma vida melhor a seus consumidores, conseguindo entregar esse "bônus". Portanto, esse "retorno em felicidade" deve vir não apenas na sua comunicação com elas, mas também na qualidade de seus produtos, no atendimento, na política de preços, na preocupação com a sustentabilidade... Com certeza, esse conjunto de ações pró-felicidade vale muito para a nova geração de mulheres.

CAPÍTULO 8

O QUE VEMOS NO FUTURO VISTO POR ELAS

Iniciei minha dissertação, que originou este livro, com perguntas relacionadas a como jovens brasileiras estão projetando sua vida futura, após concluírem a primeira graduação e estiverem a todo vapor no mercado de trabalho. Trazendo como pano de fundo os conceitos opostos discutidos pelas autoras americanas Sheryl Sandberg e Pamela Stone – *lean in* e *opt out,* respectivamente, escolhi focar a pesquisa em quais possibilidades um grupo diverso de universitárias do Brasil enxerga nessa dualidade, sinalizando como será o novo equilibrismo feminino de vida e carreira.

Vale registrar que, no meu entendimento, tal dualidade representa opções extremas e ainda estreita as possibilidades de mulheres equilibrarem a carreira e a vida pessoal. Além disso, a proposição de Sandberg não busca transformar a sociedade e os locais de trabalho. Sua meta é empurrar mais mulheres para posições de poder, mantendo a estrutura hegemônica de gênero intacta. Ela pouco faz para "reimaginar" o mundo ou construir movimentos coletivos, e sim trabalha sobre o modelo patriarcal existente, ressaltando a necessidade da ambição individual feminina para lidar com ele.

Na outra ponta, Stone define *opt out* como uma mudança nem sempre intencional. Ela defende que a maioria das mulheres está sendo forçada a abrir mão da carreira, especialmente a corporativa, caso não queira adotar a postura *lean in*. No entanto, a autora critica o *status quo* atual sem propor mudanças práticas, exceto voltando a atenção da sociedade à falta de suporte para famílias conciliarem trabalho e filhos. Já presenciei muitos casos à minha volta, de mulheres mais próximas da minha geração, que tomaram tal posição, mesmo que temporariamente.

Assim, minha intenção foi explorar se a nova geração refutará esse binário limitado e criará diferentes espaços para representação, revendo o modelo hegemônico atual e desconstruindo as opções disponíveis. Mesmo sabendo que suas intenções presentes poderão não se traduzir em comportamentos futuros, olhei para o amanhã através de seus olhos, vendo neles um ponto de vantagem para entender o que tende a ocorrer nos próximos anos com o nosso gênero nas esferas privada e pública.

A seguir, traço um resumo conclusivo desse trabalho, reiterando que a minha análise confiou do início ao fim nas possibilidades de tais jovens antecipareme o futuro, como fez a autora do livro *Future Girl: Young Women in the Twenty-First Century*, Anita Harris, ao defender na abertura: "Poder, oportunidades e sucesso são modelos para essa garota do futuro".

Ao longo deste livro revelei que elas não desejam nem ficarem presas pelo *lean in* de Sandberg, nem empurradas pelo *opt out* de Stone. Nenhum desses polos se enquadra em seu projeto futuro, já que, na visão dessas jovens, os dois oferecem sempre mais limitações do que oportunidades.

A jornada para a felicidade, como chamei a avidez das jovens mulheres por felicidade, prioriza o equilíbrio entre vida pessoal e profissional, acrescido de um forte desejo de liberdade para administrar as próprias escolhas. Seus planos futuros estão internalizados numa lógica neoliberal e são avaliados com base numa mentalidade de calcular o custo-benefício de cada passo que darão. Além disso, constatei que esse planejamento visa atender majoritariamente à sua realização individual, com poucas manifestações e ideais coletivos.

Quando elas discutem *lean in/opt out*, a mesma lógica se aplica: negam ambos por não terem como sustentar suas ambições individuais de liberdade, flexibilidade, mobilidade, prazer e, principalmente, felicidade. Essas universitárias preferem escolher "objetos felizes", físicos ou não, que, pela perspectiva delas, as colocarão mais perto de um estado feliz que desejam experimentar no futuro. Como afirma a estudiosa Sara Ahmed, "Se estou seguindo a palavra felicidade, então eu vou aonde ela vai".

Portanto, essas jovens estão indo para onde acreditam que a felicidade está. E certamente nem *lean in* nem *opt out* parecem oferecer a elas os instrumentos para alcançar essa promessa. O futuro, para todas as universitárias que entrevistei, promete não repetir o que mostram filmes como *Não sei como ela consegue*, conforme comentei no início deste livro, e outros em que a mulher alcança sucesso profissional e tem família, mas carece de equilíbrio.

> O ROMANTISMO AMOROSO APARECEU POUCO NAS ENTREVISTAS. EM SEUS DISCURSOS, O TRABALHO VINHA SEMPRE ANTES DO AMOR

Na minha dissertação, defendi ainda que as narrativas de suas "biografias de escolha", rumo à construção dessa jornada para a felicidade, tendem a transferir para si a responsabilidade pelas decisões que planejam tomar. Sucessos e falhas dependem exclusivamente delas, o que significa que a sua trajetória de vida se torna um projeto pessoal orientado pela mentalidade "faça você mesmo".

Talvez por isso o romantismo amoroso tenha aparecido pouco nas entrevistas, já que não depende só delas. Em seus discursos, o trabalho vinha sempre antes do amor. Dentro de sua projeção de vida feita aos 20 e poucos anos, elas se sentem donas de si, confiantes e decididas. E como o amor é ainda uma possibilidade nessa fase inicial da vida adulta, sem estar apenas nas mãos delas, sai de seu foco principal.

Elas acreditam que terão momentos felizes com frequência se balancearem bem risco e recompensa. Ao rejeitarem os caminhos extremos *lean in/opt out*, então, estão medindo perdas e ganhos. E a conclusão final é que enxergam felicidade em algum lugar entre esses opostos, naquele espaço que há no meio entre a dedicação máxima ao trabalho e a volta para casa. Ainda é um espaço sem contornos bem definidos, meio turvo. Mas é muito nítido aquilo que elas não querem para si, ou seja, sentirem-se sufocadas e perderem qualidade de vida.

Em outras palavras, sonham com um equilibrismo possível ainda por ser desenhado, bem diferente do vivido pela geração de mães e avós delas, que tentavam perfeição em todos os papéis predeterminados pela sociedade. Minha própria experiência, como mulher, mãe e profissional, mostra quão difícil e estressante é tentar ser excelente nas duas esferas e carregar mentes e corações divididos.

Elas procuram não ser imperfeitas, mas certamente estão longe de se exigirem ser perfeitas com tudo e o tempo todo, como talvez tentaram suas mães. Falhas ocorrerão; elas estão cientes disso. Mas tudo bem. Faz parte do jogo, das perdas e dos ganhos que guiarão o futuro dessas jovens.

Minha pesquisa, no entanto, sugere que novas alternativas antecipadas por essas jovens ainda navegarão nos parâmetros de como a sociedade está estruturada. Ou seja, sua rejeição ao *lean in/opt out* não significa que desejem acabar com essa dualidade. Apenas pretendem evitar ficarem exclusivamente presas a um dos dois destinos, confiando na retórica de que vão escolher um caminho mais customizado, entre os muitos que preveem acenando com novas soluções de equilíbrio trabalho/vida.

Esse equilíbrio representa um estado intermediário a partir de elementos emprestados de cada polo, só que operados numa intensidade menor, numa escala menos drástica em ambos os lados. Sendo assim, como pesquisadora que estuda o equilibrismo feminino há mais de dez anos, enxergo a felicidade que elas aspiram alcançar, conciliando vida pessoal e profissional, como uma readequação dessa balança, na qual revisam o modelo hegemônico atual para ampliar suas opções.

Considerando as "soluções" que elas antecipam para a idade adulta, termino minha análise levantando algumas provocações sobre o futuro das mulheres no trabalho, assim como na família:

1. Será que o caminho que elas estão antevendo, baseado na busca de um equilíbrio voltado ao *self*, vai contribuir para termos ambientes domésticos e profissionais mais neutros em relação a gênero e propícios à equidade de direitos e de oportunidades?

2. Ou essa jornada para a felicidade que as universitárias visam traçar reforça papéis atuais de gênero, colocando um ônus persistente de multitarefas exclusivamente nos ombros das mulheres?

3. O equilíbrio realmente oferece o oxigênio que buscam na vida futura? Ou seja, será que elas encontrarão o tão sonhado "ar" por meio das escolhas que pretendem fazer?

4. Estamos falando de mudanças comportamentais das pessoas e também de mudanças organizacionais nas empresas que receberão essas jovens daqui a pouco. Mas em quais aspectos a sociedade e ou as próprias empregadoras precisarão evoluir para acomodar os desejos e as prioridades das universitárias?

5. Entre a idealização e a realidade, quais oportunidades e dificuldades se apresentarão a essas jovens que as farão rever seu projeto?

6. E quanto do projeto real, quando elas tiverem completado seus 30 anos, 35 anos, será semelhante ao projeto idealizado hoje?

7. Quais características ou influências sociais, econômicas, políticas poderão impulsionar e/ou atrapalhar essa mulher na sua jornada para a felicidade?

Eu espero que, assim como eu, você tenha ficado com vontade de saber mais sobre como será essa jornada da felicidade, o novo equilibrismo e os impactos que trarão para toda a sociedade. Falando como pesquisadora, reconheço que outras explorações se fazem necessárias. Seria fantástico realizar um acompanhamento longitudinal, para poder avaliar, num prazo de 10 anos, a partir de agora, como as aspirações dessas jovens se tornarão (ou não) comportamentos futuros.

Todavia, compartilho uma menção de Ahmed que expressa um raciocínio que me guiou por todo esse trabalho: "O futuro da felicidade é o futuro do talvez".

O comentário é genial dito em inglês, porque *perhaps* (que significa "talvez") contém *hap*, como *happiness* (que significa, em português, "felicidade"). De qualquer forma, mesmo com a minha tradução acima, a frase cai como luva para a mensagem que essa nova geração de mulheres está nos contando: que a felicidade é o que elas buscam; porém, por ser uma antecipação do futuro, sempre haverá um componente de dúvida, de *perhaps*.

As expectativas dessas jovens definem um caminho singular e uniforme para chegar à felicidade. É fato que elas entram num mercado de trabalho que abraça mais as mulheres, sem precedentes no passado. Assim como chegam à vida adulta num momento em que o feminismo ganhou novo fôlego ao esclarecer que não é o oposto de machismo, que propõe direitos igualitários.

Mas ainda há muito a ser feito dentro das empresas, dentro de casa e nos relacionamentos para que tenhamos, de verdade, um equilibrismo que não seja só por iniciativa, anseio e necessidades do feminino. Porque, enquanto for assim, ele vai seguir sendo sempre mais pesado e mais instável às mulheres. O equilibrismo mais inteligente da sociedade é quando homens e mulheres se tornam equilibristas. Vejamos se será essa nova geração de mulheres a comandar a transformação.

O que posso dizer com certeza é que, hoje, cada uma delas se revela bastante decidida, equilibrista e feliz com suas escolhas. É pagar para ver e torcer. Afinal, realizo esse trabalho para mães, pais, educadores e empregadores; para as próprias jovens e até mesmo para mim. Sou duplamente torcedora. Como pesquisadora, que deseja ver um futuro melhor e mais equilibrado; e como mãe de uma jovem na mesma idade de minhas entrevistadas, em começo de carreira e de vida amorosa. Também mãe de um filho recém-chegado à universidade, que estará lado a lado com essas jovens muito em breve, construindo junto o futuro. Um futuro mais justo, mais equilibrado e mais feliz.

APÊNDICE

"QUANDO AS MINHAS AUTÊNTICAS QUALIDADES SE CRUZAM COM AS NECESSIDADES DO MUNDO, AÍ ESTÁ A MINHA VOCAÇÃO."

Vejo as jovens que foram objeto da minha pesquisa bastante orientadas por essa frase genial de Aristóteles, proferida há mais de 2 mil anos. É mesmo um desafio atrair e manter a motivação dessa geração, que valoriza a carreira, mas não tanto o dinheiro e o status que poderá ter, em comparação a seus pais e aos empregadores tradicionais.

Essa juventude tem qualidades e quer explorá-las para um propósito maior do que apenas cumprir tarefas, bater metas financeiras. E o mundo precisa de gente interessada em um projeto de vida menos sufocante, que inclua sonhos e desejos pessoais. A vocação dessas jovens está um pouco na interseção de desenvolver uma jornada de felicidade visando cruzar o que o mundo necessita com o que a sua essência precisa e quer.

Elas vão buscar oportunidades que tenham aderência, ressonância ao seu propósito de estabelecer um equilibrismo mais generoso com as mulheres. E constato no meu dia a dia profissional quanto as empresas que materializam a frase de Aristóteles em seus processos de trabalho e no seu ambiente produtivo são atraentes para essa geração. E tem mais: se são atraentes para os jovens homens, são ainda mais para as jovens mulheres, porque a visão holística do feminino leva isso em conta ainda mais do que o homem, conforme comprovo regularmente em meus estudos de comportamento.

É desafio também para os pais. Numa das universidades norte-americanas para a qual meu filho fez o processo de admissão em 2015, apresentaram um slide bem bacana, que até usei em minhas apresentações, sugerindo que os pais têm que aprender a sair do papel de quem dita o que fazer, do operador, para adotar o papel do consultor. Espero que este livro tenha sido útil nessa mudança urgente e necessária.

Volto a dizer que a pesquisa detalhada neste livro foi feita para embasar a dissertação que apresentei ao final do meu curso Master em Women's, Gender, and Sexuality Studies. Além das provas e trabalhos durante esse mestrado, a dissertação foi uma peça fundamental para que eu ganhasse o título. Ela pode ser lida na íntegra pelo site http://scholarworks.gsu.edu/wsi_theses/46/.

Contei com toda atenção do mundo e o rico conhecimento de Susan Talburt. Essa mulher foi uma inspiração, uma amiga e uma professora, tudo junto e misturado. Ela foi uma das professoras com quem tive o privilégio de conviver durante meu mestrado e a pessoa que mais me ensinou sobre os meandros e exigências da vida acadêmica (afinal, eu estava afastada havia anos do papel de aluna aplicada) e também sobre teorias e autores que envolvem o estudo de gênero.

UMA MULHER PESQUISANDO OUTRAS MULHERES

A pesquisa está no meu DNA de psicóloga, estudiosa de comportamentos e de marcas. Na hora de produzir uma dissertação, então, ela foi meu cimento, minha base, minha espinha dorsal para toda a argumentação e reflexão que desenvolvi. Aliás, isso não foi diferente em meus livros anteriores. A produção de conhecimento orienta estudos acadêmicos, e eu me realizei nessa tentativa de dar sentido ao mundo à nossa volta, num mundo cada vez mais complexo, pelo olhar feminino carregado de vontades próprias da juventude.

Pois bem, na busca por explorar as expectativas de mulheres jovens brasileiras e avaliar seus pensamentos e sentimentos em relação à dualidade *lean in/opt out*, optei por confiar numa abordagem de consulta qualitativa. Por quê? A abordagem qualitativa permite ao pesquisador descobrir significados mais profundos, que vão além de respostas mecânicas e superficiais.

Pesquisadores qualitativos fazem várias perguntas sobre o mundo social e mobilizam filosofias, teorias, metodologias e métodos diretos para reunir informações e criar conhecimento. Mas há um desafio metodológico adicional a esse meu trabalho: o de contrariar a noção de que todo conhecimento é, em algum grau, tendencioso e parcial.

Sim, reconheço que todo pesquisador tem a intenção de escapar da parcialidade e da indução, mas o risco está escondido na agenda de ambos os lados da equação: o pesquisador e o pesquisado. Da perspectiva do pesquisado, a estudiosa de gênero Jayati Lal, da University of California, em Berkeley, sinaliza que a verdade parcial é um resultado inevitável da pesquisa.

Marilia Tozoni-Reis, doutora em educação pela Universidade Estadual de Campinas, me oferece um alento ao defender que o envolvimento pessoal do pesquisador com o objeto do estudo pode beneficiar a análise de dados. Ela alega que na pesquisa qualitativa, mais importante do que a descrição ou explicação de determinado fenômeno, é a compreensão profunda e a interpretação do significado. "O envolvimento poderia criar condições concretas para um melhor entendimento do ambiente social, abrindo novas possibilidades de interpretação e construção de significado."

Portanto, reconhecer que meu ponto de vista influencia essa pesquisa foi o primeiro passo em direção a essa reflexividade. De fato, meu envolvimento e minha experiência anteriores com a questão da investigação poderiam ter interferido na minha capacidade de analisar dados com "espírito livre". Por outro lado, também melhorou minha capacidade de aprofundar os fenômenos, mais do que de um pesquisador sem experiência pessoal anterior no tópico.

Como mulher trabalhadora, com uma carreira bem-sucedida no mercado brasileiro, eu me assumo como objeto da dualidade que quis explorar. Conciliar carreira e vida pessoal faz parte da minha vida diária. Não posso omitir ou esconder esse desafio constante na minha jornada como mulher, mãe e profissional. Acreditei que o uso produtivo desse "ativo" pessoal poderia contribuir para a qualidade das minhas descobertas finais – e foi com essa tranquilidade que segui em frente na minha investigação.

METODOLOGIA EXCLUSIVA

Como expliquei em um dos capítulos anteriores, baseei o corpo principal da pesquisa em nove entrevistas individuais em profundidade com um segmento específico da população brasileira: mulheres, universitárias de 20 a 22 anos. Para fins deste estudo, concentrei meu trabalho de campo na cidade de São Paulo, a maior cidade do Brasil onde a maioria das empresas e universidades tem sedes e campus. Minha amostra considerou exclusivamente as universitárias.

Você deve estar se perguntando: apenas nove entrevistas? Sim, na técnica que uso, em estudos acadêmicos realizados, a partir de oito entrevistas com a metodologia que adotei já consigo mapear os processos mentais. Acima desse número não ganho mais qualidade de informação – e os temas tendem apenas a se repetir.

Sendo assim, para alcançar os resultados que desejava, usei entrevistas em profundidade não tradicionais por meio do método ZMET™ (Zaltman Metaphor Elicitation Technique), método de pesquisa patenteado (#5.436.830) pela Harvard Business School. Ele é fantástico por misturar os pontos fortes de múltiplas disciplinas, como Psicologia, Linguística e Neurociência.

Foi criado pelo professor da Harvard University Gerald Zaltman, coautor do livro *Marketing Metaphoria – What Deep Metaphors Reveal about the Minds of Consumers,* no qual descreve o uso de metáforas na pesquisa qualitativa e alega que o pensamento é mais uma construção de imagem do que baseado em palavras, e que 95% do pensamento reside em um nível subconsciente.

Apesar de ZMET™ ter se originado como uma técnica para pesquisa de marketing, seu uso foi aplicado em diferentes áreas de investigação no meio acadêmico, tais como filosofia, sociologia, opinião pública e estudos políticos. E, diferentemente dos métodos de pesquisa qualitativa tradicionais (como *focus group* ou mesmo entrevistas em profundidade regulares), este escava efetivamente pensamentos e sentimentos bem enraizados que orientam o comportamento. E como minha pesquisa focou nas interpretações atuais das moças a respeito de suas futuras possibilidades de comportamento, o uso de metáforas como forma de acessar seus sentimentos mais profundos trouxe insights poderosos.

Isso porque muitos processos cognitivos importantes ocorrem inconscientemente, fazendo com que a maioria das pessoas não saiba tudo o que sabe – e nem sempre diga o que quer dizer – a menos que o pesquisador vá além da pesquisa típica ou do *focus group*. Como diz meu marido e sócio Jaime Troiano, "as pessoas dizem o que pensam, mas fazem o que sentem".

Só há dois pesquisadores certificados em ZMET™ no Brasil, ambos em nossa empresa, e eu sou um deles, treinados pela consultoria americana Olson Zaltman Associates (www.olsonzaltman.com), que podem usar o método em território nacional.

Como parte do processo ZMET™, dias antes da entrevista, solicitei que as nove universitárias coletassem de quatro a seis imagens que expressassem seus pensamentos e sentimentos sobre o tópico central. Ou seja, a dualidade carreira e vida pessoal, imaginando como estaria a sua vida daqui a 10 anos, 15 anos. Além de matéria-prima preciosa, as imagens foram o ponto de partida da conversa, que durou por volta de 120 minutos e se baseou numa diretriz semiestruturada, que explico a seguir.

METÁFORAS E MAPEAMENTO MENTAL

Ao longo do processo de análise do ZMET™, com uma leitura detalhada de cada transcrição, o pesquisador identifica metáforas e os principais pensamentos e sentimentos das pessoas, revelando as importantes associações entre eles e seu tópico de interesse. Consiste em duas etapas: descobrir metáforas e traçar o mapeamento mental (usando o termo original, construir *mind maps*).

As metáforas são para descobrir os significados profundos e as reações emocionais que os entrevistados têm a um tópico. Já o mapeamento mental captura a rede de conceitos, ideias e sentimentos associados ao tema da pesquisa pela "lente" dos entrevistados. Ele mostra graficamente as conexões entre as ideias, os pensamentos e sentimentos mais comumente destacados por meio das metáforas. A propósito, apresentei neste livro o *mind map* final a que cheguei, identificando como se opera a jornada da felicidade dessas jovens quando projetam o próprio futuro.

Um roteiro com temas a serem explorados em cada sessão ZMET™ é apenas o "pontapé" inicial da conversa, já que boa parte do que vai ser explorado depende das imagens trazidas pelas entrevistadas. Neste roteiro, utiliza-se dois tipos de perguntas, sempre a partir de cada uma das imagens: para explorar potenciais elos entre conceitos e ideias (que chamamos de *laddering*); e para explorar os significados subjacentes às metáforas, a fim de descobrir pensamentos e sentimentos inconscientes.

Só de olhar o roteiro que segui, e compartilho aqui, já sinto saudade dessa experiência única!

ROTEIRO DAS ENTREVISTAS

Apresentação inicial
Da entrevistada e minha, da mecânica da entrevista, dos meus objetivos etc.

Aquecimento
Conte-me um pouco de sua vida atual, sua família, suas atividades principais, seus hobbies.

Atividade prévia
Uma semana antes de nosso encontro elas recebiam a seguinte mensagem:

Essa pesquisa está interessada em conhecer o que você pensa e sente sobre suas expectativas em relação ao seu futuro, considerando vida pessoal e vida profissional.

Vamos imaginar sua vida daqui a 10 anos, 15 anos? O que vem à sua cabeça quando você pensa nisso?

Agora, imagine descrever seu futuro sem usar palavras, apenas com imagens. Por favor, selecione de 4 a 6 fotos ou ilustrações que expressem seus pensamentos e sentimentos a respeito de seu futuro considerando vida pessoal e profissional.

STORYTELLING

A partir das imagens selecionadas, uma a uma, constrói-se o *storytelling* de cada uma.
• Descreva a imagem, por favor.
• De que forma essa imagem representa seus pensamentos e sentimentos em relação às suas expectativas de futuro pessoal e profissional?
• A partir dessa primeira questão, toda a conversa se desenvolve, usando apenas os conteúdos trazidos pelas respondentes. E, assim, ao longo da exploração do *storytelling* das imagens, eu procurava entender esses dois tipos de expectativas, sem perguntar diretamente.

1. Expectativas em relação à vida profissional:
• o que pretendia fazer após se formar;
• como essa escolha foi sendo construída;
• quais desafios ela antecipava;
• qual era seu plano profissional, onde ela imaginava estar e o que pretendia alcançar;
• o plano ideal de trabalho, o trabalho dos sonhos;
• em que esse plano era diferente (ou igual) à vida profissional dos pais;
• quem, se é que existem, são os modelos que ela admira e nos quais se espelha para seu futuro profissional.

2. Expectativas em relação à vida pessoal:
• qual é o seu projeto pessoal após se formar;
• como essa escolha ou opção foi construída;
• quais desafios imagina encontrar;
• quais são seus planos: família? filhos?
• qual é a vida pessoal ideal, a vida dos sonhos;
• em que esse plano era diferente (ou igual) à vida pessoal dos pais;
• quais, se é que existem, são os modelos que admira e nos quais se espelha para o seu futuro em termos de vida pessoal.

EXPLORAÇÃO DAS METÁFORAS
Conjuntamente com o *storytelling*, entram algumas perguntas como forma de elucidar metáforas, tais como:
• "Você pode me ajudar a entender o que quer dizer quando fala... (por exemplo, que não quer se ver como uma marionete sendo manipulada?)"
• "Pode me contar uma situação onde isso tenha acontecido? O que sentiu?"

LADDERING
Também o laddering é usado, ao longo do *storytelling*, para explorar as conexões entre conceitos e pensamentos, que depois levam ao *mind map*:
• "O que acontece se você consegue/tem _____?"
• "Por que _____ é algo importante para você?"
• "O que _____ traz/faz por você?"
• "Qual o benefício de _____?"
Ao final de cada imagem, eu pedia um título que resumisse aquela ideia central.

COLAGEM DIGITAL
Ao final, após todas as imagens terem sido exploradas, eu explicava:

O propósito deste momento é entender como todas as ideias sobre as quais conversamos se relacionam. Vamos imaginar que você irá montar um quadro com todas as imagens. Pense neste quadro como uma forma de me contar seus pensamentos e sentimentos sobre o seu futuro. Como você montaria esse quadro? Que título daria a essa sua história de futuro.

Posteriormente às entrevistas, eu produzi uma colagem digital a partir dos quadros finais elaborados pelas jovens. Alguns deles foram usados neste livro como exemplos.

BIBLIOGRAFIA

Aqui relaciono todos os materiais e fontes que usei para o desenvolvimento de minha dissertação de mestrado, cujo nome original é: *Lean In, Opt out, and the Journey to Happiness: How Brazilian College Women Imagine Freedom*. A maior parte dessas fontes foi usada para construir este livro e acredito ser um bom começo para quem está em busca de leituras relacionadas ao tema que naveguei nas páginas anteriores. É uma combinação de fontes brasileiras com fontes internacionais, com foco maior, no caso das internacionais, de fontes norte-americanas.

Ahmed, Sara. *The Cultural Politics of Emotion*. New York: Routledge, 2004. Print.

_____*The Promise of Happiness*. Durham: Duke University Press, 2010. Print.

Alcoff, Linda. "The Problem of Speaking for Others." *Just Methods: An Interdisciplinary Feminist Reader*. Ed. Alison M. Jaggar. Boulder: Paradigm Publishers, 2008. 484-495. Print.

Andrade, Silvana Rodrigues. "'Eu Sou Uma Pessoa de Tremendo Sucesso': Representações, Identidades e Trajetórias de Mulheres Executivas no Brasil." Diss. FGV-RJ. Jul 2012.

Aronovich, Lola. "Why Many Women Do Not Reach the Top." *Escreva Lola Escreva*. 1 Apr. 2014. Web. 23 Nov. 2014.

Bailey, Lisa. "Feminist Research." *Qualitative Research: An Introduction to Methods and Designs*. Ed. Lapan, Stephen D. Quartaroli, MaryLynn T. Riemer, Frances J. Hoboken. San Francisco: Jossey Bass, 2011. 391- 422. Print.

Beck, Ulrich, and Elisabeth Beck-Gernsheim. *Individualization: Institutionalized Individualism and Its Social and Political Consequences*. London: SAGE, 2002. Print.

Bauman, Zygmund. "Individually, Together." Foreword. *Individualization: Institutionalized Individualism and Its Social and Political Consequences*. Ulrich Beck and Elisabeth Beck-Gernsheim. London: Sage, 2002. n.p. Print.

Belkin, Lisa. "The Opt-Out Revolution, in Getting to Equal: Progress, Pitfall, and Policy

Solutions on the Road to Gender Parity in the Workplace." *The Inequality Reader: Contemporary and Foundational Readings in Race, Class, and Gender*. Ed. David B. Grusky and Szonja Szelenyi. Boulder: Westview Press, 2011. 332-336. Print.

_____ "The Opt-Out Revolution." *The New York Times* 26 Oct. 2003: n.p. *NY Times*. 26 Oct. 2003. Web. 10 Oct. 2014.

Bernstein, Elisabeth. "What Is Neoliberalism?" Barnard Center for Research on Women. New York. 15 Aug. 2013. *YouTube*. Web. 01 Mar. 2015.

Brown, Wendy. *Edgework: Critical Essays on Knowledge and Politics*. Princeton, NJ: Princeton University Press, 2005. Print.

Bruschini, Maria Cristina Aranha. "Work and Gender in Brazil in the Last Ten Years." *Cadernos de Pesquisa* 37.132 (2007): 537-572. Web. Dec. 10 2014.

Bruschini, Cristina and Andrea Brandão Puppin. "Trabalho de Mulheres Executivas no Brasil no Final do Século XX." *Cadernos de Pesquisa* 34.121 (2004): 105-138. Web. 11 Nov. 2014.

Chioda, Laura. "Latin American and Caribbean Women in Search of a New Balance." *The World Bank*. Washington D.C.: The World Bank, 2011. Web. 10 Sep. 2014.

Cohn, D'Vera, Gretchen Livingston and Wendy Wang. "After Decades of Decline, a Rise in Stay-at-Home Mothers." *Pew Research Social Demographic Trends*. Pew Research, 8 April 2014. Web. 10 July 2014.

Coffman, Julie, Oriet Gadiesh, and Wendy Miller. "The Great Disappearing Act: Gender Parity Up the Corporate Ladder." *Bain.com*. Bain & Company, 30 Jan 2010. Web. 10 Sep. 2014.

Coutinho, Maria Lucia Rocha. "Variações Sobre um Antigo Tema: A Maternidade para as Mulheres." *Famílias e Casal: Efeitos da Contemporaneidade*. Ed. Terezinha Féres- Carneiro. Rio de Janeiro: Ed. PUC-Rio, 2009. 122-137. Print.

Douglas, Susan and Meredith M. Michael. *The Mommy Myth: The Idealization of Motherhood and How It Has Undermined All Women*. New York: Free Press, 2004. Print.

Esquivel, Valeria. *"The Care Economy in Latin America: Putting Care at the Centre of the Agenda"*. Rep. El Salvador: United Nations Development Programme, 2011. Print.

Ferber, Marianne A. and Lauren Young. "Student Attitudes Toward Roles of Women and Men: Is the Egalitarian Household Imminent?" *Women and the Economy: A Reader*. Ed. Ellen Mutari and Deborah M. Figart. Armonk: M.E. Sharp, 2003. 124- 137. Print.

Fitzsimmons, Terrance W., Victor J. Callan and Neil Paulsen. "Gender Disparity in the C-suite: Do Male and Female CEOs Differ in How They Reached the Top?" *The Leadership Quarterly* 25 (2014): 245-266. Print.

Fraser, Nancy. "Feminism, Capitalism, and the Cunning of History." *New Left Review*. 56. 2009. 97-117. Print.

Gay, Paul Du. *Consumption and Identity at Work*. London: SAGE Publications, 1996. Print.

Giannetti, Eduardo. *O Valor do Amanhã: Ensaio sobre a Natureza dos Juros*. São Paulo: Companhia das Letras, 2012. Print.

Gibson-Graham, J. K. *A Postcapitalist Politics*. Minneapolis: U of Minnesota, 2006. Print.

Haraway, Donna J. *Simians, Cyborgs, and Women: The Reinvention of Women*. New York: Routledge, 1991. Print.

Harris, Anita. *Future Girl: Young Women in the Twenty-first Century*. New York: Routledge, 2004. Print.

Harvey, David. *A Brief History of Neoliberalism*. Oxford: Oxford UP, 2005. Print.

Hesser-Biber, Sharlene. "Feminist Research: Exploring the Interconnections of Epistemology, Methodology, and Method." *Handbook of Feminist Research: Theory and Praxis*. Ed. Sharlene Hesser-Biber. Thousand Oaks: Sage Public, 2007. 1-26. Print.

Hodges, Allegra J. and Bernardette Park. "Oppositional Identities: Dissimilarities in How Women and Men Experience Parent Versus Professional Roles." *Journal of Personality and Social Psychology* 105. 2 (2013): 193 – 216. Print.

Hooks, Bell. "Dig Deep. Beyond Lean In." *The Feminist Wire*. 28 October 2013. Web. 1 Jul. 2014.

_____ *Feminist Theory: From Margin to Center*. 3rd ed. New York: South End Press, 1984. Print.

Lal, Jayati. "Situating Locations: The Politics of Self, Identity, and 'Other' in Living and Writing Text." *Feminist Dilemmas in Fieldwork.* Ed. Daine L. Wolf. Boulder: Westview Press, 1996. Print.

Lapan, Stephen D, Quartaroli, MaryLynn T and Riemer, Frances J. "Introduction to Qualitative Research." *Qualitative Research: An Introduction to Methods and Designs.* San Francisco: Jossey-Bass, 2011. 3-18. Print.

Losse, Kate. "Feminism's Tipping Point: Who Wins from Leaning In." *Dissent Magazine.* 26 Mar. 2013. Web. 5 July 2014.

Lowy, Michael. *A Jaula De Aço: Max Weber e o Marxismo Weberiano.* São Paulo: Boitempo Editorial, 2014. Print.

Machung, Anne. "Talking Career, Thinking Job: Differences in Career and Family Expectations of Berkeley Seniors." *Feminist Studies* 15. 1 (1989): 35-38. Print.

Mainiero, Lisa and Sherry E. Sulliva. "Kaleidoscope Careers: An Alternate Explanation for the Opt out Revolution." *Academy of Management Executive* 19. 1 (2005): 106- 123. Print.

Mills, Sara. *Discourse: The New Critical Idiom.* New York: Routledge, 1997. Print.

Neto, Antonio Carvalho; Tanure, Betania. "Pesquisa Inédita Revela que as Executivas Não Estão Dispostas a Pagar Qualquer Preço pela Carreira". *Terra.com.br.* Revista Isto É. Web. 12 Jul. 2014.

Neto, Antonio et al. "Executivas: Carreiras, Maternidade, Amores e Preconceitos." Revista RAE 9.1 (2010): 1-24. Web. 11 Dec. 2014.

Obama, Barack. "President Barack Obama's State of the Union Address." *The White House: Office of the Press Secretary*. The White House, 28 Jan. 2014. Web. 10 Jun. 2014.

Obama, Michelle. "Remarks by The First Lady During the Visit to the Department of Labor." *The White House: Office of the First Lady*. White House, 14 Jan. 2010. Web. 12 Jul. 2014.

Offer, Shira and Barbara Schneider. "Revisiting the Gender Gap in Time-Use Patterns: Multitasking and Well-Being among Mothers and Fathers in Dual-Earner Families." *American Sociological Review* 76.6 (2011): 809-833. Print.

"O Que Elas Querem Para Ficar." *Época Negócios*. Web. 9 Dec.2014. Padrão, Ana Paula. "O Feminismo Acabou." *Istoe.com.br*. Isto é Magazine, Apr. 2013. Web. 13 Nov. 2014.

Parreñas, Rachel S. *The Force of Domesticity: Filipina Migrants and Globalization*. New York: New York University Press, 2008. Print.

Paxton, Pamela and Melanie M. Hughes. *Women, Politics, and Power: A Global Perspective*. Thousand Oaks: Sage Publications. 2007. Print.

Perdomo, Jennifer. "In Defense of Millennial Women." *American Association of University Women*. 5 Dec. 2011. Web. 20 Jul. 2014.

Perkins, P. S. "The Value of Feminine Speech in the Workplace." *Gender Journal: Men and Women Working Together*. Scottsdale National Gender Institute, Jan. 2010. Web. 16 Feb. 2014.

Pew Research Center. "On Pay Gap, Millennial Women Near Parity: For Now." *Pew Social & Demographic Trends*. 11 Dec. 2013. Web. 12 Sep. 2014.

Rocha, Maria da Consolação. "As Politicas Neoliberais Implementadas no Brasil nos Anos 1990 e as Repercussões na Vida dos Trabalhadoras Brasileiras." *Cadernos Espaço Feminino* 13.16 (2005): 125-142. Web. 01 Feb. 2015.

Roussef, Dilma. "Pronunciamento da Presidente da República, Dilma Roussef, por Ocasião do Dia Internacional da Mulher." *Palácio do Planalto: Presidência da República*. 8 Mar. 2014. Web. 10 Jul. 2014.

Rottenberg, Catherine. "The Rise of Neoliberal Feminism." *Cultural Studies* (2013): 1-20. Web.

Sandberg, Sheryl. *Lean In: Women, Work and the Will to Lead*. New York: Alfred A. Knopp. 2013. Print.

Scott, Joan W. "The Evidence of Experience." *Critical Inquiry* 17 (1991): 773-797. Print.

Sellers, Patricia. "New Yahoo CEO is Pregnant." *Fortune.com*. Fortune Magazine, 17 Jul. 2012. Web. 19 Jul. 2014.

Slaughter, Anne-Marie. "Why Women Can't Have It All." *The Atlantic.com*. The Atlantic, 13 Jun. 2012. Web. 21 Mar. 2014.

"Statistical Overview of Women in the Workplace." *Catalyst.org*. Catalyst, 3 Mar. 2014. Web. 11 Sep. 2014.

Stone, Pamela. *Opting Out? Why Women Really Quit Careers and Head Home*. Berkeley: University of California Press, 2007. Print.

Telles, Sarah S. "Cultura E Situação Econômica Adiam Saída De Jovens Estrangeiros De Casa." *Rede Globo*. n.p., 28 Dec. 2013. Web. 25 Feb. 2015.

Tozoni-Reis, Marilia F.C. "A Pesquisa e a Produção de Conhecimento." *Introdução à Pesquisa Científica*. UNESP: Universidade Estadual Paulista, 16 Aug. 2010. Web. 10 May 2014.

Tracy, Sarah. *Qualitative Research Methods: Collecting Evidence, Crafting Analysis, Communicating Impact*. Malden: Wiley-Blackwell, 2012. Print.

Troiano, Cecilia R. *Vida de Equilibrista: Dores e Delicias da Mãe que Trabalha*.São Paulo: Cultrix, 2007. Print.

Vair, Hester. "Work and Motherhood: Challenging or Reinforcing Gender Dualisms." Diss. Univ. of New Brunswick. New Brunswick, 2009. Web. 8 Jun. 2014.

Valian, Virginia. *Why So Slow? The Advancement of Women*. Cambridge: The MIT Press, 1999. Print.

Vancour, Michelle L. and William M. Sherman. "Academic Life Balance for Mothers: Pipeline or Dream?" *21st Century Motherhood: Experience, Identity, Policy, Agency*. Ed. Andrea O'Reilly. New York: Columbia University Press, 2010. 234-246. Print.

Van Mens-Verhulst, J. "Reinventing the Mother-Daughter Relationship." *American Journal of Psychotherapy* 49.4 (1995): 526-539. Print.

Zaltman, Gerald and Lindsay H. Zaltman. *Marketing Metaphoria: What Deep Metaphors Reveal About the Minds of Consumers*. Boston: Harvard Business School Publishing. 2008. Print.

Impresso na primavera de 2017.
Gráfica: Rettec Artes Gráficas e Editora.
Papel do miolo: pólen soft 80g
Papel da capa: duo design 250g
Fonte tipográfica: Din.